LAS LEYES DE LA FRUCTIFICACIÓN

LAS LEYES DE LA FRUCTIFICACIÓN

Cómo garantizar buenas cosechas ante un panorama sombrío

Armando Rusty

Prólogo por el Revdo. Luis De Los Santos

Para realizar pedidos de este libro, contacte con:
Palibrio LLC
1663 Liberty Drive, Suite 200
Bloomington, IN 47403
Gratis desde EE. UU. al 877.407.5847
Gratis desde México al 01.800.288.2243
Gratis desde España al 900.866.949
Desde otro país al +1.812.671.9757
Fax: 01.812.355.1576
ventas@palibrio.com
341769

ÍNDICE

ABREVIATURAS DE LIBROS DE LA BIBLIA 9
AGRADECIMIENTOS 15
PRÓLOGO 17
INTRODUCCIÓN 19

PRIMERA PARTE: LA LEY DE LA RAÍZ

CAPÍTULO 1. PRIMERA LEY: LA RAÍZ 23
CAPÍTULO 2. BENEFICIOS DE UNA BUENA RAÍZ 29

SEGUNDA PARTE: LA LEY DE LA ELECCIÓN

CAPÍTULO 3. SEGUNDA LEY – ELECCIÓN 36
CAPÍTULO 4. PREPÁRATE PARA SER ELEGIDO 44
CAPÍTULO 5. LA PRUDENCIA Y LA SABIDURÍA
            ASEGURAN TU ELECCIÓN 52

TERCERA PARTE: LA LEY DE LA LONGEVIDAD

CAPÍTULO 6. TERCERA LEY: LONGEVIDAD 56
CAPÍTULO 7. OTRA VERDAD SOBRE LA LEY DE LA
            LONGEVIDAD: INVOLUCRA A OTROS 65
CAPÍTULO 8. OCHO ELEMENTOS FUNDAMENTALES
            DE UN PRESUPUESTO 74

CONCLUSIÓN 85
SOBRE EL AUTOR 89

ABREVIATURAS DE LIBROS DE LA BIBLIA

Génesis - Gn.
Éxodo - Ex.
Levítico - Lv.
Números - Nm.
Deuteronomio - Dt.
Josué - Jos.
Jueces - Jue.
Rut - Rt
1 Samuel - 1 S.
2 Samuel - 2 S.
1 Reyes - 1 R.
2 Reyes - 2 R.
1 Crónicas - 1 Cr.
2 Crónicas - 2 Cr.
Esdras - Esd.
Nehemías - Neh.
Esther - Est.
Job - Jb.
Salmos - Sal.
Proverbios - Pr.
Eclesiastés - Ecl.
Cantares - Cnt.
Isaías - Is.
Jeremías - Je.

Lamentaciones - Lm.
Ezequiel - Ez.
Daniel - Dn.
Oseas - Os.
Joel - Jl.
Amós - Am.
Abdías - Abd.
Jonás - Jon.
Miqueas - Mi.
Nahum - Nah.
Habacuc - Hab.
Sofonías - Sof.
Hageo - Hag.
Zacarías - Zac.
Malaquías - Mal.
Mateo - Mt.
Marcos - Mrc.
Lucas - Lc.
Juan - Jn.
Hechos - Hch.
Romanos - Ro.
Gálatas - Ga.
Efesios - Ef.
Filipenses - Fil.
Colosenses - Col.
1 Tesalonicenses - 1 Tes.
2 Tesalonicenses - 2 Tes.
1 Timoteo - 1 Ti.
2 Timoteo - 2 Ti.
Tito - Ti
Filemón - Flm.
Hebreos - He.
Santiago - Stg.

1 Pedro - 1 P.
2 Pedro - 2 P.
1 Juan - 1 Jn.
2 Juan - 2 Jn.
3 Juan - 3 Jn.
Judas - Jud.
Apocalipsis - Ap.

Dedico este libro a mi Dios y Raíz, Jesucristo,
quien nos ha elegido para vivir largos días

AGRADECIMIENTOS

Quiero agradecer a mis padres, Yumelia y Armando por haberme enseñado mucho de los principios expuestos en este libro. Agradezco a mis pastor, Luis De los Santos y a su esposa, Hermelinda por su ejemplo y formación espiritual por más de quince años. Agradezco a quienes estuvieron allí cuando me entregué a Jesucristo: mi primer pastor, Luis Jaramillo así como a las hermanas Jessica Thomas, Libia Gutiérrez y María Rodríguez. Sus consejos, protección y apoyo fueron fundamentales para mi crecimiento.

Agradezco a quienes leyeron el manuscrito y proveyeron consejos y oraciones vitales para este proyecto. Especialmente a la Reverenda Libia de Gutiérrez, a su hija la pastora Libia Gutiérrez; a la hermana Edilma Santizo por sus valiosas observaciones. Una especial mención para la licenciada Noemí de Fernández quien ya ha trabajado corrigiendo la redacción de proyectos míos y a quien le debo mucho. Agradezco además al hermano Carlos Vásquez por sus acertados comentarios y a los reverendos Felipe Springer y Ruth Steele por contribuir de forma invaluable con la reestructuración y los retoques del manuscrito.

Mi esposa, Yeribhed no puede quedar fuera de esta lista. Gracias, eres mi ayuda idónea.

Gracias a los hermanos del Centro Evangelistico Reunión Cristiana por sus oraciones y apoyo por estos casi veinte años. Ustedes me han visto crecer y no hay palabras para expresar lo honrado que me siento de haber nacido en Cristo junto a ustedes. Una mención especial a Pablo Bruce y José Santamaría quienes con su arte han enriquecido esta obra.

Al Espíritu Santo por darme los momentos de quietud necesarios para escribir en medio de una agenda diaria llena de ocupaciones, compromisos y estrés.

Hay personas de la comunidad hebrea en Panamá que me han bendecido mucho con sus palabras, inspiración y obediencia a la Palabra de Dios. Que el Eterno les bendiga. Paz sea sobre Israel. Soy privilegiado de conocer a personas como ustedes.

Puede parecer chistoso o fuera de lo común, pero también quiero agradecer a la ciencia, particularmente a la tecnología ya que esta facilidad me permitió escribir y extraer ideas prácticamente desde cualquier parte del planeta sin demora alguna. Prov. 22:12 menciona que los ojos de Dios velan por la ciencia.

Finalmente quiero expresar especial gratitud a la editorial Palibrio y a sus representantes por toda su paciencia y apoyo.

Bendiciones a todos.

PRÓLOGO

En el corazón del ser humano sin distinción de raza o posición social hay un indecible anhelo por aquello que no se posee. Este anhelo es implantado en la misma constitución del hombre por un Dios misericordioso para que el hombre no se sienta satisfecho con su presente condición sea buena o mala.

Dios desea que el hombre busque lo mejor y lo halle en un estado de bendición eterna para su alma. Es el designio de Dios que este anhelo del corazón humano guíe hacia el único que es capaz de satisfacerlo.

Hemos escuchado y leído en estos tiempos tan cruciales temáticas de cómo alcanzar la prosperidad y claro está que no hay ser humano que no anhela alcanzar prosperidad en su vida.

El Dr. Armando Rusty ha sacado tiempo para enseñarnos algunas leyes importantísimas para que tú y yo las apliquemos a nuestras vidas en áreas como ministerio, liderazgo, familia, etc. y podamos alcanzar lo que estamos deseando por mucho tiempo.

Que este libro pueda alcanzar el propósito que anhela el Dr. Rusty. Que sea una ayuda en la vida de cada lector. Que no sea un libro más para tu biblioteca personal, sino un libro que puedas compartir con otras personas.

Rogamos que la bendición del Altísimo acompañe esta obra y que el Espíritu Santo haga de las palabras de este libro, palabras de aliento y ayuda para muchas personas cuyos anhelos y deseos no se han realizado.

Reverendo Luis Carlos De Los Santos Flores

INTRODUCCIÓN

¿Qué es una ley?

El diccionario de la Real Academia de la Lengua contiene muchas definiciones sobre lo que es una ley. La primera indica, que ley (del latín lex) es una regla y norma constante e invariable de las cosas. El diccionario también explica que es todo aquello que es arreglado a la voluntad divina y recta razón.

Al leer los conceptos antes citados, algunos pueden pensar que el título de esta obra es muy atrevido; sin embargo, los principios aquí expuestos son extraídos de la Biblia, nuestra máxima regla de fe y conducta. Por tanto, nadie puede robar a Dios la gloria que él se merece. Si existen instrucciones en la Biblia que gobiernan todas las cosas o actos particulares y que están arregladas a la voluntad divina, estas directrices deben provocar en nosotros entre muchas otras cosas, fructificación.

¿Qué es fructificación?

El diccionario define como fructificación la acción y efecto de fructificar, o sea, dar fruto. Dios al completar su creación nos bendijo y nos mandó a fructificar (Gn. 1:22). Jesucristo dijo que el Padre es glorificado cuando damos mucho fruto (Jn. 15:8). El apóstol Juan guiado por el Espíritu Santo, menciona en su segunda carta que no debemos perder el fruto de nuestro trabajo (2 Jn. 8).

Este libro nos presenta el tema de la fructificación desde un punto de vista muy práctico al tomar lo ocurrido con una persona que en sus inicios fue muy amado pero también odiado. Nos ocuparemos de observar algunos capítulos de la vida de José, penúltimo hijo de Israel. El ánimo para estudiar la vida de este formidable administrador surge de la frase que él pronunció cuando Dios le dio el privilegio de tener un oficio, una familia y mucho poder.

José y la fructificación

José, al nacer su segundo hijo Efraín (que significa "Aquel que es fructífero") dijo: *"Dios me hizo fructificar en la tierra de mi aflicción* (Gn. 41:52)". Efraín fue antepasado de Josué, quien además de ser ayudante de Moisés, observó la tierra prometida junto con su fruto y se convirtió en el general que guiaría al pueblo de Israel para poseer ese lugar. Al final de su carrera militar, Josué retó al pueblo de Israel para servir a Dios con todo su corazón tal como él había comprometido a su propia familia (Jos. 24:15). La herencia espiritual que José transmitió a sus descendientes incluyó un oficio, una familia y poder. Ese poder fue utilizado para el bien común. La fructificación te convertirá en una persona que hará todo lo posible para garantizar el bien de otros.

Génesis 48:22 nos explica que antes de morir, Jacob entregó a José una bendición mayor que aquella que correspondió al resto de sus hijos. Esta bendición se conoce, según Dt. 21:17 como la primogenitura (el doble de lo que le correspondía al resto). Ahora bien, la Biblia explica, en 1 Cr. 5:1-2, que la primogenitura de Israel fue traspasada a José, mas no así el derecho de legislar o de reinar; el cual le fue entregado a Judá. Al leer, adicionalmente la profecía de Gn. 49:22-26, no nos queda más que concluir que José había recibido un llamamiento especial para fructificar, hacerse poderoso y sobresalir en medio de su familia, destacándose en el manejo de recursos, más que en el reinado o manejo político. La fructificación te hará enfocarte en lo que es tu verdadero llamado, sin entretenerte en lo que le pertenece a otros.

José fue el único hijo de Israel que fue mencionado en el libro de los Hebreos (del Nuevo Testamento) capítulo 11 en la famosa "galería de los heroes de la fe". Actualmente, él es conocido como José el justo (Yoseff Ha Tzadik) entre los judíos. La fructificación te transformará en una persona de fe, alquien que ve más allá del presente y que se gana un sitio de honor entre los visionarios, entre aquellos que aplican directrices divinas, las que están en la Biblia. Por la fructificación, tu nombre tendrá connotaciones de mucho respeto.

Génesis 1:26 contiene un mandato divino a señorear o a tomar dominio, sin embargo antes de dar esa orden Dios instruyó también a la raza humana para que fructificara. José fue Señor de la tierra pero antes de eso, había descubierto la forma de ser fructífero. Si quieres ser el señor de tu empresa, de tu comunidad, del mundo espiritual que te rodea, tienes que primero aprender a ser fructífero. Solo así podrás tomar dominio sobre aquellas cosas que no se te someten. La fructificación le dio a José un dominio, un señorío en el área administrativa, pero esto fue solo una muestra de lo que puede hacer el hombre que está atento a los planes divinos y los ejecuta con acierto. El comercio, la medicina, la tecnología y el ministerio requieren de gente que aprenda a fructificar y, eventualmente habrá un dominio nunca antes visto no solo en estos campos sino en muchos otros.

Es mi oración a Dios que al leer estas páginas, recibamos una instrucción especial, diferente, inusual sobre la fructificación. Quiero que creas que vas a recibir autoridad y que no vas a ser la misma persona, si de verdad así lo dispones.

He formulado tres leyes sencillas basadas en el diálogo de José con Faraón. Este diálogo te bendecirá si lo lees con detenimiento, aun antes de leer el contenido de este libro. Se encuentra en Gn.

41:15-44. He utilizado pasajes complementarios de la Biblia que he creído pertinentes, ya que creo firmemente que aparte de ser la palabra de Dios, la Biblia es un libro de mucha vigencia para nuestra vida diaria.

Te bendigo en el nombre de Jesucristo de Nazaret y a la vez, te deseo lo mejor mientras inicias el camino a comprender y aplicar en tu vida, las leyes de la fructificación.

CAPÍTULO 1

PRIMERA LEY: LA RAÍZ

"Y el remanente de la casa de Judá que se salve, echará de nuevo raíces por debajo y dará fruto por arriba. (Is. 37:31 LBLA)"

PRIMERA LEY: La raíz

La primera ley de la fructificación proviene de observar cómo surge la vida en una planta en términos generales. Sólo hay vida desde el momento en que surge la raíz. Antes de la raíz sólo hay una semilla que tuvo que morir, tal como lo enseñó Jesús en Jn. 12:24.

La raíz lo es todo, es el comienzo y si la arrancas, también es el fin (Dn. 4:15). En la parábola del sembrador de Mt. 13:4-7 se nos presentan tres razones por las cuales la semilla no dio fruto y una de ellas fue la falta de raíz. Por eso he dedicado la tercera parte de este libro a la ley de la raíz.

La Biblia explica en el primer Salmo la importancia de tener una buena raíz al afirmar que quien se deleita en la ley divina, meditando día y noche en ella es como árbol plantado junto a corrientes de agua, dando fruto a su tiempo. Los fundamentos que Jacob le transmitió a José le permitieron permanecer aunque no tenía a su papá ni a sus hermanos. El temor de Dios, su fundamento lo libró a él.

Si deseas dar fruto a su debido tiempo, y estoy seguro de que así es, ten cuidado del lugar en donde están saliendo tus raíces. Debe ser junto a corrientes de agua. Curiosamente, José fue arrancado del seno familiar para ser vendido como esclavo, expatriado a un lugar desconocido; sin embargo, Dios lo plantó junto a las corrientes del Nilo, en un lugar tan fértil que produciría fruto para garantizar la supervivencia de toda su parentela. José echó sus raíces en Egipto por la voluntad divina. Cuando sus hermanos se humillaron ante él pidiendo misericordia luego de la muerte de su padre, la respuesta fue rotunda "...*Dios lo hizo...*" (Gn. 50:20 PDT). Puede ser que un aparente infortunio ha llegado a tu vida, no te desarraigues apresuradamente. Es posible que Dios esté usando esa incomodidad, esa desgracia para plantarte en un terreno más fértil, así como lo hizo con José.

"Respondió José a Faraón, diciendo: No está en mí; Dios será el que dé respuesta propicia a Faraón. (Gn. 41:16)"

"No esta en mí..." fue la respuesta de José a Faraón. Aquí se revela la raíz de José. Él pudo darse golpes de pecho, hacerse el importante, y hasta presumir cómo sus predicciones se habían cumplido al pie de la letra con los empleados de la corte real, pero esto no sucedió. Tu raíz, si está fundamentada en Dios, te dará una autoimagen correcta, equilibrada y a prueba de falsas pretensiones. Gracias a tu raíz plantada junto a corrientes de agua viva (Jn. 7:37-39) serás un candidato para estar delante de gente importante. Mantente humilde, dale la gloria a Dios, no dejes de dar testimonio de su Nombre y de ti se dirá lo mismo que se dijo de José: "...*¿Podríamos encontrar a otro hombre como este...?*" (Gn. 41:38 PDT)

Cuatro características de la raíz

1. Imprescindible: Sin raíces, la planta deja de ser. En la parabola del sembrador leemos cómo la semilla pereció porque cayó en pedregales y, aunque había brotado pronto pereció por falta de raíces. Sin raíz no es posible la supervivencia. José sobrevivió a una muerte inminente

por intervención divina (Gn. 37:26-27). Dios fue quien libró a José de la muerte. Hay proyectos y personas que no hubiesen llegado lejos sin una raíz que les garantizara la vida. La raíz de un recién nacido es su madre, quien lo cuida en el momento más crítico. La gran productividad de Thomas Alva Edison se debió a la raíz de la lectura que sirvió aun cuando lo expulsaron de la escuela. Tú tienes algo básico que garantizará que tus proyectos avancen. Sólo pídele a Dios que te ayude a determinar qué es ese algo y presérvalo.

2. Invisible: Faraón le dice a José "he oído decir de ti que tienes talento para interpretar sueños" (Gn. 41:15) pero José le corrige, diciendo "No está en mí, es Dios". Dios es Espíritu (Jn. 4:24), es invisible, pero, a la vez es la Roca (Dt. 32:15), la mejor raíz, la fuente de todo talento y habilidad. Es difícil ver la raíz de la mayoría de las plantas, pero no por eso dudamos que la raíz esté allí. Quien le da la gloria a Dios corre el riesgo de ser objeto de burla, puede pasar por fanático, sin embargo es esta persona la que tiene el mejor concepto de sí mismo.

Ahora bien, la raíz puede ser invisible pero no su actuación. La Biblia enseña que el amo de José vio que Dios estaba con él (Gn. 39:3) y que, por causa de esto, le hizo su mayordomo. ¿Cómo puede saberse que una persona tiene a Dios de su lado? Yo le llamo a esto providencia. Es la operación misteriosa de Dios, siendo él un ser sobrenatural, actuando en el mundo natural.

Dios le dio en el libro de Levítico una serie de instrucciones sobre el descanso de la tierra al pueblo de Israel. Bajo estas instrucciones, no se podía sembrar cada siete años. Muchas personas se preguntarían ¿Qué comeremos en el octavo año si no sembramos en el séptimo? (Lv. 25:20) pero Dios, anticipando las inquietudes humanas, prometió enviar su bendición en el sexto año, haciendo que la tierra produjera cosechas para tres años consecutivos. El pueblo de Israel debía valorar esta cosecha abundante, y reconocerla como la porción del sexto, séptimo y octavo año.

El problema que tiene mucha gente para reconocer que su raíz está en Dios es que no han valorado las cosechas abundantes, las grandes bendiciones que se les ha enviado desde lo alto. Piensan que lo que tienen es por esfuerzo propio y por eso, no pueden lograr que tales bendiciones sean sostenibles en el tiempo. Esto ha pasado con imperios, dinastías y gobiernos a través de cientos de años, pero no es el plan de Dios que sus bendiciones sean de corta duración. Reconoce que tus bendiciones dependen de una raíz divina, y verás que lo recibido hoy durará más de lo que piensas.

3. Provee firmeza: Dios le dio a José la firmeza para resistir la tentación aun cuando la propuesta para acostarse con la mujer de su jefe pareció muy buena (Gn. 39:7-9). Esta firmeza le permitió hablar con propiedad al jefe de los coperos cuando éste cayó también preso, a fin de pedirle que intercediera por su causa. La firmeza que proviene de Dios, tu raíz opera en doble vía. Así como te ayuda a resistir la tentación, te da la seguridad para pelear las causas justas.

Jesús comparó en el Sermón del Monte (Mt. 7:24-27) al obediente con el que edificaba su casa sobre la roca, mientras que al desobediente lo comparó con el que edificó su casa sobre la arena. Probablemente no sea muy divertido cavar mucho tiempo hasta dar con la roca, para luego edificar una casa; pero es menos divertido ver todo aquello que ha tomado tiempo y dinero edificar siendo destrozado por lluvias, ríos y vientos. La raíz dará firmeza a lo que te ha tomado años levantar: tu matrimonio, ministerio, negocio, familia o reputación. Dios sostendrá milagrosamente lo que atesoras, aun cuando a tu alrededor todo se derrumbe.

Cuando David decide construir una casa para Dios, el profeta Natán le dice de parte de Dios (2 S. 7:10-11), que el pueblo de Israel tendría un lugar fijo en el cual sería plantado y que Dios mismo le edificaría una casa a la familia de David. La relación que David cultivó con Dios es impactante. En Panamá se están levantando rascacielos formidables, edificios de cincuenta y sesenta pisos que impresionan a los turistas, pero ninguna de estas edificaciones puede ser tan firme como la casa de David ya que Dios mismo edificó esa casa. De ella provino Jesús el Salvador. En Ap. 22:16 Jesús se presenta como la raíz y el linaje de David. Tener como fundador y descediente de tu propia casa al Redentor es verdadera firmeza. Pero no sólo esa fue la bendición que tuvo David. Dios prometió que su amado pueblo Israel sería plantado. Actualmente vemos cómo esta promesa se cumple frente a nuestros propios ojos. La nación judía ha vuelto a su tierra de forma definitiva. Dios cumple la palabra que entregó a su siervo. Cuando reconozcas que tu raíz es divina, también podrás creer que tu país puede ser bendecido con firmeza.

Es aquella persona que ha buscado una raíz firme, dura, divina quien puede resistir las más difíciles situaciones, sean tentaciones, batallas legales o rumores. Valora tu raíz, recuerda que no eres tú, es Dios en ti.

4. Provee conexión: Si retomamos la enseñanza de la parábola del sembrador respecto a la raíz, observamos que lo que había brotado pronto no era la raíz, era el tallo. Ese tallo o retoño bien pudo soportar el calor, la lluvia y los vientos, pero la Biblia enseña que hubo algo que faltó, algo sin lo cual el sol fue demasiado: la raíz. La raíz juega un papel de conexión entre la semilla y la tierra. Es por medio de esta

conexión que se transmiten los nutrientes que permitirán al tallo resistir la inclemencia de los elementos.

José aclaró a faraón que el causante de su talento era Dios. Dios fue quien permitió que José compartiera prisión con alguien que hablaría favorablemente de él en el futuro. Esto es tener conexiones. Declaro que Dios te pondrá en contacto con personas importantes, personas que hablarán favorablemente de ti para abrirte puertas en tus negocios, en tus estudios, en tu ministerio, en tus proyectos. Cuando esas puertas se abran, recuerda tu raíz, trae a tu memoria quién fue tu conexión. Dale la gloria a Dios, no importa cuán importante sea la persona que tienes frente a ti. No te impresiones, amedrentes o avergüences. Este será el comienzo de cosas mayores.

Hemos aprendido que José fue arrancado de su seno familiar para ser plantado junto a un río muy fértil. Dios fue quien hizo esto y José lo reconoció públicamente frente a faraón. Esta es la ley de la raíz. Hemos repasado cuatro características de la raíz: imprescindible, invisible, provee firmeza y provee conexión. Si valoras tu raíz, que es Dios, verás grandes cosas ocurrir en tu vida. Ahora, creo que hay aún mayores cosas que se pueden experimentar no sólo por tener una raíz, sino procurando que la misma sea buena. De esto me quiero ocupar en el siguiente capítulo, el cual he titulado Beneficios de una buena raíz.

CAPÍTULO 2

BENEFICIOS DE UNA BUENA RAÍZ

"De ese tronco que es Jesé, sale un retoño; un retoño brota de sus raíces.
El espíritu del Señor estará continuamente sobre él, y le dará sabiduría,
inteligencia, prudencia, fuerza, conocimiento y temor del Señor
(Is. 11:1-2 DHH)"

Las bondades de poseer una buena raíz

Hemos dicho que Dios es la raíz de la cual se valió José para comenzar su camino a la fructificación. También dijimos en el capítulo anterior que una buena raíz provee beneficios. A continuación observaremos dos beneficios que provee una buena raíz.

1. Una buena raíz es fuente de distinción: "¿Podríamos encontrar a otro hombre como este?" (Gn. 41:38). Faraón se expresó de José como nadie lo había hecho hasta ese momento. En una traducción en castellano de la Torá se traduce esta frase del versículo 38 así: "...¿acaso hallaremos a otro hombre como éste?...". Lo importante es que el verbo traducido como "hallaremos" es *HANIMTZÁ*. El padre de un rabino me explicó que el verbo *HANIMTZÁ* tiene un valor numérico de 186 y que el mismo comparte valores numéricos con la palabra naturaleza y con uno

de los nombres de Dios-Adonai (86 para ambos casos).
Todo esto me dice que Dios nos distingue de tal manera,
que la gente buscará en toda la creación de Dios a alguien
que tenga tus cualidades y no encontrarán a esa persona.
Solo tú tienes la buena raíz, al Dios que hizo los cielos y
la tierra. Cuando la gente te vea, se dirá de ti "¿acaso
hallaremos en toda la creación divina a alguien como esta
persona?".

Dios te distingue, es él quien hace que sobresalgas. Has
nacido para brillar, salir de en medio de lo común. Esto
sucedió con José y sucederá contigo. La buena raíz es la
causa. Procura tener una buena raíz y verás lo inusual, lo
extraordinario y lo asombroso revelarse en tu vida. Verás
la fructificación manifestarse en ti. Lo más importante
relativo a la distinción recibida por parte del rey de Egipto
fue que él reconoció que Dios había revelado a José el plan
que salvaría el país entero (Gn. 41:39). De nada te vale ser
distinguido si no logras que la gente vea a Dios operando
milagros, abriendo puertas o preservando tu vida. Tu raíz
es invisible pero no sus resultados. Esfuérzate por ser un
portavoz exitoso del mensaje del Dios invisible, el Dios
que es tu raíz, tu comienzo, tu sustento. En el intento
probablemente conseguirás que otros te distingan, pero por
encima de todo, asegúrate que den toda la gloria y la honra
a Dios.

2. Una buena raíz es fuente de autoridad

Faraón prometió tal grado de autoridad que ni siquiera su
antiguo jefe-Potifar hubiera soñado con obtener semejante
grado de influencia (Gn. 41:44). Es cierto que hay personas
que no han echado sus raíces en Dios y tienen autoridad.
Lo cierto es que eso no debe desalentar a aquel que desea
tener buenas raíces. La Biblia muestra que un rey pagano,
Nabucodonosor (Dn. 4:37) fue arrogante y enloqueció

pero luego se humilló y bendijo al Dios del cielo. A este rey lo habían expulsado de palacio por su locura y vivió en el campo junto a los animales por cierto tiempo. Lo impresionante de este caso es que todo lo que le sucedió a Nabucodosor se le había comunicado mediante un sueño. En este sueño, el rey era un gran árbol que es cortado, pero sin tocar las raíces. Cuando él reconoció que el único Dios es quien tiene el dominio, el rey fue restituido a palacio, su autoridad se le devolvió.

Tanto en el caso de José como en el de Nabucodonosor, hubo intervención divina para otorgar o devolver la autoridad. Dios es quien gobierna y él da el señorío a quien quiere. La autoridad, sin embargo, se manifestará de forma imparable en aquella persona que tiene una buena raíz (relación) con el Altísimo. La autoridad se manifestará en tu vida para hacerla fructífera.

Creo que José formuló un plan para cuidar a su familia desde el mismo momento en que supo que se entrevistaría con faraón. Su autoridad se generó cuando dispuso en su corazón impedir el exterminio de los suyos. El altruismo, el deseo de hacer el bien de forma genuina y desinteresada, viene acompañado de altas dosis de autoridad. En la medida en que fructifiques y desees hacer el bien, prepárate para ser investido de autoridad.

¿Por qué la persona fructífera es investida de autoridad?

a. La persona fructífera requiere autoridad porque está inmersa en un proceso encadenado en donde varias partes o elementos deben comportarse como si fueran uno solo y esto es posible gracias a la autoridad.

"Y dijo Faraón a José: Yo soy Faraón; y sin ti ninguno alzará su mano ni su pie en toda la tierra de Egipto (Gn. 41:44)".

b. La persona fructífera necesita autoridad porque no todos los factores productivos reconocen las órdenes si no provienen de un canal "elevado".

"y lo hizo subir en su segundo carro, y pregonaron delante de él: ¡Doblad la rodilla!; y lo puso sobre toda la tierra de Egipto. (Gn. 41:43)"

c. La persona fructífera recibe autoridad porque en términos generales, sabe algo que el resto ignora y, siendo elevada por la autoridad, su conocimiento podrá usarse en beneficio de la colectividad. Entre las cosas que una persona fructífera domina tenemos: el funcionamiento de un equipo o máquina; los riesgos que conlleva un proyecto (cuán peligroso puede ser involucrarse con tal persona o trabajar a cierta altura) así como las diferentes fechas en las cuales hay que ejecutar diferentes pasos.

Sin importar lo anteriormente expuesto, una de las principales características de una persona fructífera es el manejo apropiado de la autoridad. Esto quiere decir que contrario a lo que se piensa, no deben existir abusos, violaciones a los derechos ajenos, ni maltratos; ya que la autoridad se delega para servir mejor, no para satisfacer intereses egoístas.

Si la raíz es Dios ¿cómo es posible lograr que esta raíz sea buena? La respuesta es: cultivando una buena relación con Él. La Biblia enseña que José hizo tres cosas para tener una buena raíz y las pasaremos a examinar a continuación.

1. Se abstuvo de pecar contra Dios: La lucha contra el pecado es activa. Todos tenemos una parte que ejecutar. José no fue la excepción. Si bien es cierto dijimos que la raíz, o sea Dios era lo que le daba la fortaleza a este gran soñador para no pecar, no es menos cierto que hay una parte humana en

la batalla contra la tentación. Si esta parte se alinea con la causa divina, habrá una buena raíz.

Hay tres formas prácticas mediante las cuales podemos abstenernos de pecar:

a. Orando que no caigamos en tentación (Lc. 22:46)

b. Andando en el Espíritu para no satisfacer los deseos de la carne (Ga. 5:16)

c. Profundizando el conocimiento de la Palabra

"en mi corazón he guardado tus dichos para no pecar contra ti" (Sal. 119:11)

La mujer de Potifar fue insistente, esperó un momento de soledad y desnudó a José, pero no logró quitarle su integridad. En estos tiempos hay una gran crisis de integridad y por causa de esta crisis, muchas organizaciones están experimentando descalabros morales y financieros. Que Dios te dé la capacidad de ser íntegro mientras procuras tener una buena raíz para ser fructífero.

2. Ayudó a sus compañeros de cárcel: Una persona en desgracia difícilmente puede tener ánimo para ayudar a otros. La situación de José era doblemente desafortunada. Cuando creía que estaba avanzando, aparece una calumnia y cae preso. Pocas personas pueden sobreponerse a semejante predicamento. Si vivir como extranjero y esclavo trae desventajas, imagínate vivir desprestigiado siendo un extranjero y esclavo. El desprestigio vino por una acusación de violación. Cuántas personas han perdido su buena reputación por cuenta de algún comentario malintencionado o por una trampa preparada en su contra.

Puede que sientas que tu infortunio es inmerecido y que por eso, eres digno de lástima. Aparte de eso, puede que tu corazón esté lleno de amargura y por ende, cuando ves a otro en una situación penosa, no tengas ánimo de ayudar. Yo te digo: acuérdate de José quien, estando en prisión, fue movido a compasión por la tristeza de sus amigos. No dejes que en tu corazón brote una raíz de amargura (He. 12:15). Haz algo por alguien que parezca estar mejor que tú, inclusive. Esta es una buena raíz para fructificar.

3. Dijo la verdad: José primero encomendó la causa a Dios, luego escuchó y dio la interpretación (Gn. 40:12-19). Para uno de los compañeros de cárcel, la ayuda implicaba buenas noticias, para el otro no. Hay momentos en la vida en que una persona tiene un problema grave pero no lo sabe. No puedes tener una buena raíz si ocultas los problemas a las personas, máxime cuando se te ha confiado consejo o dirección. No hemos sido llamados a desanimar a la gente, pero cuando las personas tienen un problema grave, hay que hacérselo saber. El panadero al menos sabía que al salir de la cárcel, debía pasar horas extra con su familia porque la muerte le aguardaba. Es posible que hasta haya tenido un tiempo de reflexión espiritual.

Sembremos buenas raíces basadas en la verdad. Dios ama la verdad. Si sabes asimilar y comunicar lo bueno y lo malo, estás preparado para fructificar. El mundo real está lleno de decepciones. Hay que estar preparado para afrontarlas y hay que ayudar a otros a afrontarlas. Que Dios te ayude a ser un amante de la verdad.

Hemos observado hasta este momento lo importante que es la raíz, junto con sus características (invisible, imprescindible, provee firmeza y provee conexión). Vimos que la raíz de José era Dios y que nunca se avergonzó de esa raíz, aunque se encontraba frente a la persona más importante de Egipto. También aprendimos que una buena raíz garantizó autoridad a José y le distinguió por encima de todos los sabios de Egipto. Finalmente, presentamos tres consejos para tener una buena raíz (abstenerse de pecar, ayudar a otros y decir la verdad).

Finalizo esta primera ley de una manera diferente, y es que deseo proponerle un pequeño momento de reflexión que estará al final de cada ley. Lo he denominado "El camino a la fructificación". Deseo de todo corazón que le sea de sumo provecho.

1. Menciona dos bendiciones que para ti eran producto de la obra de tus manos pero que ahora que lo piensas mejor, fueron posibles gracias a tu raíz divina.

2. Recuerda una situación en la cual necesites firmeza y preséntasela a Dios en oración. Fíjate un tiempo, después de orar por esa situación en donde te alimentarás más de la Palabra (por lo menos una semana) buscando versículos de la Biblia relativos a ese problema. Puedes apoyarte en una persona de confianza para que te apoye en ese tiempo y así monitorees tu avance frente a esa situación.

3. Enumera tres sacrificios personales que harías desde un puesto de autoridad.

CAPÍTULO 3

SEGUNDA LEY – ELECCIÓN

"Y dijo al viñador: He aquí, hace tres años que vengo a buscar fruto en esta higuera, y no lo hallo; córtala; ¿para qué inutiliza también la tierra? Él entonces, respondiendo, le dijo: Señor, déjala todavía este año, hasta que yo cave alrededor de ella, y la abone" (Lc. 13:7-8)

SEGUNDA LEY: La elección

José fue promovido, él fue puesto muy en alto, al punto que las personas tenían que arrodillarse ante él. Todo esto ocurrió no sólo porque se mantuvo consciente en todo momento de su raíz divina y logró que su relación con la raíz fuera buena. José operó bajo otra ley que he denominado la ley de la elección. Puede que tengas una buena relación con Dios y no estés fructificando a plenitud. Presta mucha atención porque, a continuación, observaremos algunas cosas que llevaron a José al puesto de primer ministro de Egipto, aparte de su relación con Dios.

Faraón le dijo a José: *"Tú estarás sobre mi casa, y por tu palabra se gobernará todo mi pueblo; solamente en el trono seré yo mayor que tú (Gn. 41:40)"*. Esta declaración indica una sola cosa "tú has sido elegido". Jesús dijo en Juan 15:16 que hemos sido elegidos para dar un fruto permanente, duradero. Jesús dijo, además, en la parábola de la vid verdadera, que cuando damos fruto, el Padre es glorificado. Dios desea que entiendas el proceso de elección y cómo ese proceso, al hacerte fructífero, da gloria a su nombre. Veamos qué fue lo que exactamente ocasionó que José fuera elegido, en otras palabras, los requisitos para ser nombrado Primer Ministro de Egipto.

"Era José de edad de treinta años cuando fue presentado delante de Faraón rey de Egipto; y salió José de delante de Faraón, y recorrió toda la tierra de Egipto. Y él reunió todo el alimento de los siete años de abundancia que hubo en la tierra de Egipto, y guardó alimento en las ciudades, poniendo en cada ciudad el alimento del campo de sus alrededores. (Gn. 41:46, 48)"

1. Disposición a salir

    La persona que sale, cree con todo su corazón que es necesario abrirse paso en medio del "status quo", la costumbre, el molde, los patrones, lo usual y lo corriente. Salir no es opcional si esperamos fructificar. Es imperativo atreverse a cruzar el umbral de la casa, el palacio o cualquiera que sea nuestra morada; ya que la fructificación no está en nosotros, está fuera de nosotros.

    Salir es una señal de creatividad

    Salir también puede ser riesgoso. La crítica es inevitable cuando desafiamos los paradigmas. Es por esta razón que una persona que sale debe también, ser una persona muy segura de sí misma. Los cuestionamientos pueden disminuir sus convicciones y hacer que regrese a lo convencional. De esta manera muchos sueños han muerto en el tablero de dibujo; muchas personas se han acobardado cuando la avalancha de señalamientos comienza a arreciar. Tú que estás leyendo, si tienes un sueño, sal, no tengas temor, ármate de valor y atrévete a hacer algo diferente, sólo así serás elegido.

2. Disposición a recorrer

Recorrer es explorar, ensayar, probar, tratar una y otra vez; hasta encontrar lo que estamos buscando. Quien recorre está dispuesto a ir hasta lo más recóndito del país, con tal de encontrar aquello por lo cual emprendió su viaje. La persona que fructifica no se da por vencida ante el primer no que se le da por respuesta. Intenta una y otra vez hasta lograr un sí. Es así como serás elegido.

Quien recorre demuestra tenacidad

Hay varios obstáculos que José pudo encontrarse en su recorrido y que sólo pudieron superarse por una fuerte dosis de tenacidad.

Primer obstáculo-Juventud

Ser elegido para el cargo de primer ministro a los treinta años no es nada fácil. La tenacidad es necesaria para aprender de los errores, escuchar, decidir con sabiduría y llevar adelante la tarea de recolectar los excedentes de las cosechas justo antes que comiencen los tiempos malos. Llénate de tenacidad y serás elegido.

Segundo obstáculo-raza

El nuevo primer ministro de Egipto era hebreo, un extranjero y, a la vez, un esclavo. Si hay alguien que pudo tener excusas y complejos era él, pero nunca dejó en segundo plano su objetivo principal: recorrer la tierra. Es cierto que en algún lugar (probablemente en la mayoría de los lugares que recorras) tengas que tener presente tu falta de familiaridad y ser doblemente cuidadoso, pero ten presente que los grandes héroes de la fe también caminaron como extranjeros.

"Conforme a la fe murieron todos estos sin haber recibido lo prometido, sino mirándolo de lejos, y creyéndolo, y saludándolo, y confesando que eran extranjeros y peregrinos sobre la tierra. (He. 11:13)"

No dejes apagar tu llama, a lo mejor eres la única mujer en tu aula de clases o eres el único que ha venido a trabajar desde otra ciudad, sé persistente, sigue recorriendo el camino.

Tercer obstáculo-El tamaño y complejidad del reto

Las personas tenaces son elegidas porque son capaces de recorrer un camino muy complicado para el resto de la gente. A decir verdad, las cosas pueden ser complicadas o grandes al mismo tiempo, ya que todo lo que aumenta de tamaño se hace complejo.

La tenacidad te lleva a ser elegido porque eres capaz de determinar qué es lo más importante, a diagnosticar un problema con precisión, a delegar adecuadamente y a seguir tu recorrido, lo cual es tu prioridad. No es bueno distraerse cuando estás viajando con un objetivo específico, desenreda las complejidades, persiste en tu meta y sé elegido.

3. Disposición para reunir

Reunir es juntar, congregar, convocar una asamblea. La persona que reúne es elegida porque entiende que en la dispersión no hay fructificación. Es necesario que haya cohesión, unidad, sentido de pertenencia y armonía. Si sabemos identificar factores productivos dispersos y somos exitosos reuniéndolos, fructificaremos y seremos elegidos.

La Biblia enseña que José reunió *"todo el alimento de los siete años de abundancia que hubo en la tierra (Gn. 41:48)"*.

La observación detallada nos enseñará que el éxito en la elección de José radicó en un plan ambicioso para identificar el mínimo producto alimenticio, aun en los lugares inusuales, y ponerlo al servicio de su jefe. Como si esto fuera poco, el plan era consistente; se ejecutaría el primer año, el segundo año, el tercer año, y así sucesivamente, hasta haberse cumplido los siete años de abundancia.

He aquí tres principios que debe considerar toda persona que reúne factores productivos para que su empresa sea exitosa:

El principio del factor mínimo o la semilla

"Y José dijo al pueblo: He aquí os he comprado hoy, a vosotros y a vuestra tierra, para Faraón; ved aquí semilla, y sembraréis la tierra. (Gn. 47:23)"

Las cosas grandes emergen en gran medida, de una idea, un pequeño logro, o un simple pensamiento. Cuando José reunía la abundancia que prodigaba Egipto, él se aseguró también de guardar semilla.

El principio del sitio inesperado

"...salió José de delante de Faraón, y recorrió toda la tierra de Egipto. Y él reunió todo el alimento de los siete años de abundancia que hubo en la tierra de Egipto, y guardó alimento en las ciudades, poniendo en cada ciudad el alimento del campo de sus alrededores (Gn. 41:46-48)."

Si existía un lugar fértil en Egipto, ese lugar era el valle del Nilo, el lugar en donde él mismo había sido plantado contra su voluntad pero que le había resultado una tierra fértil. Hubiera sido sencillo para José pedirle a sus capataces y servidores que se enfocaran en este territorio, pero nunca podemos reunir exitosamente si hacemos acepción de personas o nos conducimos bajo la influencia de prejuicios. Recorramos toda la tierra, miremos todos los puntos de vista, consideremos todas las posibilidades; y así, encontraremos gratas sorpresas en el lugar menos esperado.

En el país en el que he escrito este libro hay testimonios de que los grandes talentos no solo provienen de la ciudad capital:

a. La Villa de Los Santos-ciudad natal de Margarita Henriquez, ganadora del Latin American Idol 2008.

b. Colón-hogar de glorias deportivas. Entre éstas, los Hermanos Dely Valdés-futbolistas destacados a nivel internacional, Celestino Caballero-campeón mundial de boxeo, César Barría-nadador discapacitado famoso por cruzar el estrecho de Gilbraltar e Irving Saladino-único medallista olímpico de oro hasta el año 2008.

c. Darién-provincia de la cual proviene la misionera internacional Libia de Gutiérrez, del Concilio general las Asambleas de Dios. Fundadora de iglesias en Panamá y en Ecuador.

d. Chitré-Cuna de Martín Torrijos-expresidente de Panamá y de Hermelinda de De Los Santos-esposa de mi pastor, el Reverendo Luis de Los Santos.

El principio de la consistencia

Para acumular una provisión que preserve la vida a más de un pueblo, no sólo basta con guardar semilla o mirar en los lugares inusuales, es necesario ser consistente.

Muchas empresas reconocidas han perdido millones por dejar de practicar los principios que las guiaron al éxito en sus etapas iniciales. Grandes atletas han pasado de la excelencia a la mediocridad por no ser consistentes en sus entrenamientos. De igual manera, el servidor puede fácilmente perder su norte cuando olvida que su rutina debe ser ejecutada una, y otra, y otra vez hasta que su tarea esté verdaderamente terminada.

"Mas si aquel siervo dijere en su corazón: Mi señor tarda en venir; y comenzare a golpear a los criados y a las criadas, y a comer y beber y embriagarse, vendrá el señor de aquel siervo en día que éste no espera, y a la hora que no sabe, y le castigará duramente, y le pondrá con los infieles. (Lc. 12:45-46)"

El principio de la consistencia garantizó a José una recolecta exitosa. Nótese que el pasaje recién citado del libro de Lucas habla de un siervo (o servidor) que en vez de guardar, tenía la responsabilidad de alimentar (o sea gastar) de una forma sistemática pero falló. Uno de los grandes causantes de desastres financieros es precisamente la falta de consistencia a la hora de pagar o gastar, pero de esto hablaré más adelante.

Es cierto que la consistencia puede parecer aburrida, monótona o en algunos casos, hasta adversa a la creatividad, pero es todo lo opuesto. Justo cuando encontramos un camino nuevo, no podemos decir que a los quince primeros pasos entendemos hacia dónde lleva el mismo. De la misma manera, tener un buen hábito por un par de semanas no garantiza que cosecharemos de inmediato los frutos de ese buen hábito.

Muchos saben que Thomas Edison, el fundador de General Electric, también fue el perfeccionador del bombillo incandescente. Lo que no es muy conocido, es cuánto esfuerzo conllevó finalizar otro de sus inventos. Y es que no fue sino hasta haber ensayado por cinco días ininterrumpidos, sin dormir, que él pudo perfeccionar el fonógrafo (un antecedente del tocadiscos de acetato).

Imitemos a José practicando los buenos hábitos de manera ininterrumpida y constante. Seamos sistemáticos al momento de reunir factores productivos. Así llegaremos a ser elegidos.

4. Disposición para guardar

Uno de los principales rasgos de una persona que es promovida es su capacidad de mirar hacia el futuro y anticipar lo incierto. De este tema pienso ocuparme con mucho más detalle en la tercera ley. Sin embargo, deseo resaltar en este momento que es posible ser elegido por mi capacidad de prepararme para el mañana. Nunca ha existido una persona que ha sabido manejar exitosamente las incertidumbres del futuro que haya quedado sin recibir una justa elección.

Hasta este momento hemos observado, de manera prospectiva, lo que hizo que José fuera elegido. Su disposición a salir, a recorrer y a guardar. Vimos cómo esta disposición fue exteriorizada cuando él mencionó las actividades que debía ejecutar la persona elegida para llevar las riendas de Egipto. También observamos que para salir hay que tener creatividad; para recorrer hay que ser tenaz; y para reunir hay que aplicar los principios del factor mínimo, el sitio inesperado y la consistencia.

En el capítulo siguiente, repasaremos de forma retrospectiva, las experiencias que sirvieron a José como trampolín para entrevistarse de forma exitosa con el rey de Egipto. Este capítulo lo he titulado Prepárate para ser elegido. Espero de todo corazón que le sea de utilidad en el camino a la frutificación.

CAPÍTULO 4

PREPÁRATE PARA SER ELEGIDO

"No me elegisteis vosotros a mí, sino que yo os elegí a vosotros, y os he puesto para que vayáis y llevéis fruto, y vuestro fruto permanezca; para que todo lo que pidiereis al Padre en mi nombre, él os lo dé.
(Jn. 15:16)"

Debes estar preparado si deseas ser elegido

En el capítulo anterior se observaron acciones que José presentó como requisitos para ser nombrado Primer Ministro de Egipto. Lo que deseo presentar en este capítulo tiene que ver con la fase retrospectiva, o sea, lo que sucedió antes de que llegara esa entrevista crucial. Estas experiencias fueron enriquecedoras y merecen ser estudiadas para nuestro provecho. Examinaremos un total de cinco cualidades que cultivó José antes de que se le encomendara el destino de Egipto en sus manos.

    1.   Aprende a escuchar antes de hablar

> *"y las espigas menudas devoraban a las siete espigas hermosas; y lo he dicho a los magos, mas no hay quien me lo interprete. Entonces respondió José a Faraón: El sueño de Faraón es uno (Gn. 41:15-24)".*

Nadie pudiera, con excepción de lo que sucedió con Daniel y Nabucodonosor (Dn. 2:9) pensar que una persona interprete sin primero escuchar. De hecho, aún en el caso de Daniel, lo importante no fue que Daniel se presentó ante el rey con el sueño y su interpretación. Lo importante fue que Dios le comunicó a Daniel aquello que se estaba exigiendo a los sabios, magos y adivinos de Babilonia. En otras palabras, Daniel escuchó, de parte de Dios, y luego habló a su superior.

Siempre es importante escuchar antes que hablar. Si tú deseas ser elegido escucha cuidadosamente. No quieras impresionar a las personas diagnosticando problemas sin detectar con eficacia las causas o los pormenores de los mismos. De hecho, cuídate de suprimir todas las voces ajenas, esperando ser el dueño de la verdad. Lo más probable es que si haces esto, estarás más cerca del despeñadero que las otras personas.

2. Habla el mismo idioma

"Entonces el jefe de los coperos habló a Faraón, diciendo: Me acuerdo hoy de mis faltas. Cuando Faraón se enojó contra sus siervos, nos echó a la prisión de la casa del capitán de la guardia a mí y al jefe de los panaderos. Y él y yo tuvimos un sueño en la misma noche, y cada sueño tenía su propio significado. Estaba allí con nosotros un joven hebreo, siervo del capitán de la guardia... (Gn. 41:9-12)".

Muchas organizaciones, pequeñas y multinacionales, en su afán por implementar cambios, reinventar la organización o renovar una línea de producto, se lanzan en una búsqueda de talentos que, al final, es tan costosa que los resultados insatisfactorios duran hasta años en repararse. Todo, al final del camino, confluye en el idioma.

Existe lenguaje corporal, hablado, escrito, lenguaje de señas, símbolos y hasta claves. También contamos con el idioma convencional (inglés, español, francés, etc.) y además, con idiomas avanzados como los usos y costumbres (regionalismos), cultura organizacional, subculturas departamentales; así como idiomas técnicos (informática, aviación, derecho, medicina).

Si deseas ser elegido en el campo de la construcción, aprende el idioma de la ingeniería civil. Si quieres ser elegido en el mundo del mercadeo aprende el idioma de las ventas. Si anhelas ser elegido en el área de la política, aprende el idioma de las relaciones. Cada campo tiene uno o varios idiomas específicos que deben dominarse para ser elegido.

Si deseas ser elegido, pero eres ajeno a los idiomas básicos requeridos para el puesto, ten cuidado. Es posible que te estés exponiendo a una vergüenza de proporciones muy grandes ya que así como al rey sucesor de Nabuconosor-Belsasar, te llevarán a la balanza y tu peso será hallado insuficiente (Dn. 5:27).

No necesariamente se necesita ser nativo de un país para dominar su idioma. José no era egipcio, sin embargo fue recomendado por el hombre de confianza de faraón. Está completamente demostrado que se dio un momento de conversación entre el jefe de los coperos, el jefe de los panaderos y José, para que sus enigmas fuesen resueltos.

Valora la importancia de los idiomas y dedícate a dominar aquellos que sean esenciales para la posición que puedan aparecer vacantes. No te arrepentirás.

3. Atiende las cosas con la premura requerida

"Y el suceder el sueño a Faraón dos veces, significa que la cosa es firme de parte de Dios, y que Dios se apresura a hacerla (Gn. 41:32)".

Grandes desastres corporativos, nacionales, familiares y financieros se han suscitado por la falta de sentido de urgencia. Es cierto que uno no puede comportarse como bombero intentando apagar fuegos a diario; sin embargo, John Maxwell **1** en su obra "Desarrole el líder que está en usted" afirma que es la tarea de un líder determinar qué es lo más importante, y atenderlo. Su atención puede ser delegada, pero no su responsabilidad. Es por tanto, importante que elija gente que sepa reaccionar con rapidez ante los problemas, conflictos, peligros y catástrofes. De nada sirve escuchar atentamente, hablar el idioma de la gente que será parte del equipo de respuesta, si la reacción es exageradamente tardía.

Si observamos cuidadosamente, faraón mencionó una expresión revestida de halagos para un esclavo *"¿Acaso hallaremos a otro hombre como éste, en quien esté el espíritu de Dios? (Gn. 41:38)".* El halago sin embargo, no detuvo al hijo perdido de Israel en su tarea de acumular provisiones para salvar a su parentela junto con el pueblo egipcio. El sentido de urgencia se pierde a veces cuando recibimos elogios o al momento de ser halagados mientras somos promovidos. Seamos el tipo de persona que tiene tan profundo sentido de urgencia, que a pesar de ser halagado, mantenga el norte, y se enfoque en la tarea. Los beneficios serán incalculables.

4. Cuida tu reputación

El jefe de los coperos, al recordar al intérprete de los sueños que predijo su restitución exclamó: *"me acuerdo hoy de mis faltas" (Gn. 41:9)*. Esto implica culpabilidad y remordimiento en el trato a un inocente. Significa que, habiéndole hecho el bien y previa súplica por una ayuda para salir de la prisión, lo mínimo que José merecía era un mensaje desde el palacio, un saludo o un regalo que le diera a entender que no había sido olvidado. El gesto de gratitud nunca apareció, al menos, no por un tiempo. Es allí cuando brilla la reputación.

Una persona debe dejar una huella tan indeleble, tan permanente y tan difícil de borrar que cuando alguien la recuerde, se diga de ella: *"he hecho un mal en no recordarle, este colaborador es tan bueno que debió encabezar mi lista de recomendaciones"*. Hay muchas formas de lograr este grado de impacto, una de ellas es la buena reputación. Deja una buena marca, que tu trayectoria sea tan impactante que si alguien te olvida, diga *"he cometido una falta, esta persona debió ser mi primer referido"*. A esto se refería Salomón cuando habló del buen nombre en Proverbios 22:1

"Elige una buena reputación sobre las muchas riquezas; ser tenido en gran estima es mejor que la plata o el oro (NTV)".

Cultiva una buena reputación y olvídate del dinero. Para ser franco, creo que debes tenerle algo de temor a las riquezas ya que un énfasis desmedido por obtener un caudal económico puede desatar lo peor de nosotros como raza humana. Si cuidas tu nombre, por otra parte, vivirás una vida modesta pero honorable. Y si tienes reputación de ser fiel en lo poco, podrás ser promovido y recibirás mucho más.

Uno de los problemas que puede enfrentar el que cuida la reputación tiene que ver con el manejo de información sensitiva. Esta información puede incluir proyectos en ejecución o por iniciar. También puede tratarse de secretos, información confidencial o simplemente datos que el público o cierta audiencia no puede interpretar adecuadamente en determinado momento. Esto sucedió con José y puede pasar con nosotros. Si bien es cierto la alegría puede desbordarse en nuestro rostro, a veces es bueno mantener la boca cerrada. José fue odiado porque habló de sus sueños prematuramente, por decir lo menos (Gn. 37:8-11). Es posible que nunca debió compartir sus secretos íntimos con sus hermanos u otra persona.

Cuando somos indiscretos corremos el peligro de comprarnos enemigos innecesariamente, somos objeto de odio y envidia. Aunque pensemos que es injusto, nos convertimos en presa de difamaciones, comentarios mal intencionados, sarcasmo y al final, mala reputación. Es cierto que surgir provoca un celo malsano por parte de aquellos que no han hecho nada, hasta odio inclusive, pero la imprudencia puede empeorar las cosas. Ser indiscreto es el más grave error que se puede cometer a la hora de cuidar nuestra reputación. Recuerda, debes estar preparado si quieres ser elegido y esta área es crucial en tu preparación.

5.   Sé una persona de resultados comprobados

"Y aconteció que como él nos los interpretó, así fue: yo fui restablecido en mi puesto, y el otro fue colgado (Gn. 41:13-16)"

La mayor prueba para la corte de Egipto de que el hebreo exsirviente de Potifar era la mejor opción para descifrar el sueño y luego para darle el cargo no fue su experiencia difamando a sus hermanos en Canaán. Fue una carrera bien desempeñada, primero, en la casa del capitán de la guardia (Gn. 41:6), luego como administrador de la cárcel (Gn. 41:23) y, finalmente, como intérprete de sueños (Gn. 41:13-16). En todos los casos sus resultados hablaron por sí solos.

Una detenida observación nos muestra la forma dramática en que los resultados se mostraban en el servicio de José, tanto así que logró incursionar en el campo de los sueños a pesar de que, con su propia familia, los sueños eran causa de conflicto (Gn. 37:5, 9-10).

Los resultados más satisfactorios se dejan ver cuando logramos incursionar en campos minados por experiencias dolorosas del pasado. El campo de los sueños no fue el mejor para José al comienzo, sin embargo, lo intentó nuevamente, esta vez no con su vida, sino con otras personas. El hecho de que algo no funcione contigo no significa que no funcionará con otra persona. Si tú estás padeciendo de una enfermedad, eso no es impedimento para que ores por otra persona en la misma condición.

Aprende a manejar tu pasado, a dejar de lado tus problemas y conflictos para atender la tarea y dar resultados. Tu cosecha será abundante.

Ahora bien, existen muchas profesiones, como es el caso de la medicina, en la que el estudiar debe ser imprescindible al igual que la práctica; y así obtener la idoneidad para entonces ejercer de forma legal. De ese modo, digamos que los médicos deben pasar tres pasos fundamentales para ejercer un oficio tan delicado. Ser elegido, también es de suma responsabilidad y por eso, creo que existen tres grupos de características que acercan a una persona a ese punto tan anhelado. Ya hemos estudiado dos grupos. A uno le denominamos "requisitos para ser nombrado" mientras que al segundo le llamamos "cualidades que cultivó José". Un grupo fue prospectivo mientras que el segundo fue retrospectivo. Observaremos ahora, un último grupo-intermedio, una dupleta de características que puede tomar tus cualidades pasadas y tu disposición actual a un nuevo nivel.

A este grupo le he denominado el Intermedio-Las características que son anteriores a la disposición para ser elegidos; pero posteriores a la preparación requerida a fin de ser elegidos. Será de mucha bendición la comprensión de los integrantes de este grupo.

Notas

1 Maxwell, John-*Desarrolle el líder que está en usted*; Grupo Nelson, Nashville, 2007.

CAPÍTULO 5

LA PRUDENCIA Y LA SABIDURÍA ASEGURAN TU ELECCIÓN

"Haciendo estar atento tu oído a la sabiduría; Si inclinares tu corazón a la prudencia (Pr. 2:2)"

Puedes asegurar tu elección si incorporas a la prudencia y la sabiduría

Dijimos antes de finalizar el capítulo anterior, que existieron cuatro requisitos que cumplió José para ser nombrado y que además, él llenó cinco cualidades para ser elegido. También mencionamos que hubo un último grupo de características que sirvió de enlace, o puente entre sus requisitos (salir, recorrer, juntar, guardar) y sus cualidades (escuchar, idioma, premura, resultados y reputación). Este último grupo, el Intermedio está compuesto por la prudencia y la sabiduría. Estas características aseguraron definitivamente la elección de José como Primer Ministro de Egipto. Para entender por qué decimos esto necesitamos observar la traducción de prudencia y sabiduría en otras versiones, aparte de observar el original hebreo a fin de captar la esencia de lo que el escritor de Génesis quiso transmitirnos.

Dice la Biblia que José recomendó para el puesto a un varón prudente y sabio (Gn. 41:33). El término prudente se traduce en otras Biblias como inteligente y en "La Torah viviente" se traduce como perspicaz. Pedí ayuda nuevamente a la persona que me explicó el término hebreo *HANIMTZÁ* mencionado en el capítulo dos, y, utilizando un ejemplar de la Torá comentado por Rashi (para muchos el estudioso judío más brillante que existiera en siglos) me mostró lo que estaba buscando.

Lo que significa ser prudente

La palabra hebrea *"NAVÓN"* es el término que se traduce como inteligente, perspicaz o prudente. Comparte raíces con otros términos tales como *"NEVIM"* (que significa profetas) y *"NEVUÁ"* (que significa profecía). Esta palabra se traduce "apresura" (RVR 1960) en el versículo 32 de Génesis 41 y significa que Dios ha "dispuesto de antemano a hacer algo". De allí que José en realidad recomendó a una persona "visionaria", que supiera anticipar los eventos antes que ocurrieran, alguien que entendiera los planes divinos y reaccionara en función a los mismos.

No basta con ser precavido, hay que tener la capacidad de anticipar las cosas, máxime cuando son cosas que Dios ha dispuesto de antemano. Esto es lo que te diferencia del resto. Si eres capaz de detectar que Dios ha dispuesto de antemano ampliar una cadena de almacenes de diez a quince sucursales, serás prudente en sugerir una estrategia de expansión. Si eres capaz de visualizar que está entre los planes divinos adquirir un negocio que tiene una patente que están requiriendo en tu grupo económico, trae la propuesta de adquisición. Si estás convencido que es plan divino expandir tu ministerio a nivel internacional, entonces mira el globo terráqueo y elige destinos para viajar y predicar en otros lugares. Desarrolla esta capacidad de visualización, este nivel de prudencia y serás elegido. Pero no todo queda allí, ya que el Intermedio tiene un segundo elemento, que examinaremos a continuación.

Lo que significa ser sabio

José recomendó también contratar a alguien sabio. La palabra
que se traduce como sabio es "JAJAM". Esta palabra es familia de
"JOJMAH", que significa sabiduría y es utilizada en Job 28:28.
Esta sabiduría es la que no sólo toma las cosas externas para su
beneficio y disfrute mundano sino que transforma su interior.

Por medio de esta sabiduría, José pudo tener la fe para pedir que sus
huesos fueran enterrados en la tierra prometida, siendo superior a
personas que vivieron dos siglos después en los tiempos de Moisés
(por ejemplo los 10 espías incrédulos-Nm. 14:36-38). La persona
"jajam" es la persona que ve las cosas antes que sucedan y utiliza
su sabiduría para canalizar todo en pro de un beneficio. La persona
"jajam" entiende que producir electricidad quemando petróleo
es caro para muchos países; así pues, promueve el uso de molinos
de viento, paneles solares y otros recursos naturales renovables. En
Panamá, un grupo de personas "jajam" determinaron que no podía
seguirse desperdiciando el agua que se requiere para cada barco
que transita el Canal. De allí que con el proyecto de ampliación,
introdujeron el uso de tinas que permitieran la reutilización del
agua.

El poder de ser prudente y sabio

Para los judíos hay una conexión muy poderosa entre los términos
"navón" y "jajam" (prudencia y sabiduría). Según el Midrash
(definido por la profesora de Hebreo Bíblico Belkis Rogovsky
en entrevista del 13/mar/14 como una interpretación de texto
bíblico) ser prudente pero sin ser sabio es equivalente a un
poderoso guerrero que está desarmado; mientras que ser sabio sin
ser prudente es equivalente a un debilucho con armas; una persona
prudente y sabia es un guerrero fuerte y armado.

José fue un guerrero que pudo enfrentarse al posible exterminio de su parentela gracias a la prudencia y la sabiduría. Esta dosis de prudencia y sabiduría le aseguró el puesto de primer ministro.

Hemos repasado cuatro requisitos, cinco cualidades y dos características que permitieron a José ser elegido como Primer Ministro de Egipto: disposición a salir, a recorrer, a juntar y a guardar; escuchar antes de hablar, el idioma, la premura, dar resultados, cuidar la reputación; ser prudente y ser sabio. Todos estos requisitos, cualidades y características llevaron a José a ser elegido. Hemos concluido el estudio de la segunda ley, la ley de la elección. Que Dios te permita ser elegido mientras te da los requisitos, cualidades y características que tuvo José.

El camino a la fructificación

1. ¿Qué caminos estás dispuesto a recorrer?, ¿Qué idiomas propios de la profesión u oficio en que deseas destacar puedes aprender?

2. ¿Has visto algo que Dios ha dispuesto hacer de antemano? Si es así, ¿Qué actividades específicas estás determinado a realizar para que esto que Dios ha dispuesto sea una realidad?

3. ¿Qué resultados específicos estás dispuesto a dar en tu oficio o profesión actual a fin de asegurar tu elección por encima del resto?

CAPÍTULO 6

TERCERA LEY: LONGEVIDAD

*"En los ancianos está la sabiduría y en la largura de días el
entendimiento"*
(Job 12:12)

La ley de la Longevidad: Piense en el futuro

¿Qué es longevidad?

El diccionario define la palabra longevidad como largo vivir. La
Biblia enseña que el plan de José fue presentado de tal manera, que
su objetivo final era muy evidente: el pueblo tendría larga vida. No
morirían. Cuando eres fructífero, tienes la capacidad de impedir
que cosas importantes sean de corta duración. Tu familia va a
tener largura de días, tus proyectos van a ser duraderos, tu buena
reputación por la gracia de Dios también durará mucho tiempo.

*"Haga esto Faraón, y ponga gobernadores sobre el país, y quinte la tierra
de Egipto en los siete años de la abundancia. Y junten toda la provisión
de estos buenos años que vienen, y recojan el trigo bajo la mano de Faraón
para mantenimiento de las ciudades; y guárdenlo. Y esté aquella provisión
en depósito para el país, para los siete años de hambre que habrá en la
tierra de Egipto; y el país no perecerá de hambre (Gn. 41:34-36)".*

Moisés, el gran libertador de Israel, escribió en el Salmo 90 una oración a Dios con mucha sensibilidad sobre la estadía del ser humano aquí en la tierra. Él pidió al Eterno que aprendiéramos a contar nuestros años para hacernos sabios. Parece que lo que estaba en la mente de Moisés básicamente era una preocupación por la forma tan superficial con que nos conducimos. Si entendiéramos que el tiempo es limitado, seríamos más sensatos, actuaríamos con precaución y sabríamos disponer de nuestros recursos con una clara visión de futuro.

No es casual que las personas mayores de cuarenta años sean más prudentes con sus gastos si los comparamos con jóvenes de veinte o veinticinco años. Es el efecto de "contar los años" lo que restringe los gastos. Ahora bien, no estoy diciendo que si eres menor de cuarenta estás sentenciado a gastar compulsivamente. Todo lo que quiero explicar es que las canas traen un periodo de reflexión mayor que no se tiene cuando se es joven.

Hay casos en los que sucede lo opuesto también. Esto quiere decir que hay ancianos que gastan más de lo que le permiten sus ingresos pero no quiero enfocarme en esto. Mi deseo en este momento es comunicar la importancia de la planificación del futuro. Hay que meditar, proyectarse en el mañana y estar claro de qué es lo que se desea. Faraón no quería morir de hambre y contrató a José para solucionar el problema. El secreto está en determinar cómo lograremos la longevidad.

Voy a formular esta última ley con una serie de consejos prácticos los cuales han sido comprobados por generaciones. Después de todo, longevidad, es tener una vida larga. Una vida larga se obtiene trabajando duro, dando los resultados esperados, evitando la difamación teniendo una conducta apropiada, dando gloria a Dios. Sin embargo, cuando Dios comienza a bendecirnos, es posible que todo aquello que vino de una forma sobrenatural se disipe por falta de medidas apropiadas, que también se encuentran en la Palabra de

Dios. Examinemos, en detalle, lo que nos muestra la Biblia sobre la ley de la longevidad.

- Primera verdad sobre la ley de la longevidad: Asegura largos días mediante el ahorro

"Y junten toda la provisión de estos buenos años que vienen, y recojan el trigo bajo la mano de Faraón para mantenimiento de las ciudades; y guárdenlo (Gn. 41:35)".

Una de las virtudes del ahorro es que te brinda la capacidad de florecer a su debido momento. Esto lo quiero ilustrar con algo que observé hace muchos años en Barro Colorado, la isla artificial más grande dentro del Canal de Panamá. Estuvimos interactuando con la vida silvestre tanto animal como vegetal, caminando por diferentes senderos. Repentinamente, nos encontramos con una palmera de aproximadamente cinco pies de altura. Alrededor de ella había otras palmeras más altas. Sin embargo, sucedía algo raro con el color de esta pequeña y diminuta planta. Sus hojas tenían un tono marrón, chocolate, pero no estaba muerta. El guía nos explicó que esto se debía a que el color verde de muchas plantas, producido por los cloroplastos, era tan "caro", energéticamente hablando, que la palmera prefería crecer primero y luego adoptar el verdor característico de muchas plantas. Tremenda lección. Muchas personas quieren tener el estilo de vida de otros que, previamente, han pasado su periodo "chocolate", que ya han crecido lo suficiente, como para recibir mucha luz solar y desplegar ese hermoso color verde. No obstante, nadie puede negar que es mejor cuando todo lo hacemos a su debido tiempo, cuando experimentamos una mejora en nuestra calidad de vida, a su momento, y no de forma apresurada. Si estás en tu periodo chocolate, dale gloria a Dios, enfocate en tu crecimiento y luego, cuando tengas el tamaño necesario, podrás cambiar de color, mostrando ese verde brillante que deseas.

A su momento, adquirirás automóviles, tendrás mejores vestidos, entrarás a buenos restaurantes, saldrás al extranjero. Cuando pases tu periodo chocolate, y alcances la estatura necesaria, harás lo mismo que otras palmeras. Desplegarás todo el verdor que has deseado mostrar. Muchos verán tu verdadero color. No te apresures, espera tu tiempo. No te endeudes, ahorra, crece, alcanza primero la luz solar necesaria y entonces, sólo entonces, tus bendiciones comenzarán a notarse. Recíbelo en el nombre de Jesús.

Pienso que el momento es propicio para definir un término que describe muy bien lo que se hizo en los días de faraón por mano de su nuevo primer ministro. Se introdujo un programa de austeridad. El diccionario define austero entre otras cosas, como sencillo y sin ninguna clase de alardes. Para mí esto es administrar de una forma que evite el despilfarro, el derroche y eventualmente, el colapso. Si la austeridad ha garantizado larga vida a otros, quiénes somos nosotros para no adoptar estos consejos. Austeridad en mi opinión, es el arte de administrar en medio de tiempos difíciles y esto es lo que se describe en este pasaje de la Biblia. Se acercaban siete años muy duros para los cuales era necesario prepararse. Esta preparación se logró con mucha disciplina.

Los beneficios de la austeridad:

1. Manifestación parcial del dominio propio. El dominio constituye una parte del fruto del Espíritu. Por tanto, alguien que sea austero tiene algo del fruto del Espíritu Santo en su vida.

   "Mas el fruto del Espíritu es amor, gozo, paz, paciencia, benignidad, bondad, fidelidad, mansedumbre, dominio propio; contra tales cosas no hay ley (Gál. 5:22, 23 LBLA)".

   Ciertas personas no pueden experimentar lo que es la austeridad porque siempre que pasan por las tiendas o almacenes, desean aprovechar las tentadoras "ofertas". Si eres creyente en Jesucristo y has invitado al Espíritu Santo a que viva dentro de ti, puedes desarrollar el suficiente dominio propio como para resistir esas tentaciones.

"Porque no nos ha dado Dios espíritu de cobardía, sino de poder, de amor y de dominio propio. (2 Ti. 1:7)".

2. Comprensión de la realidad. Conoces a alguien austero, conoces a alguien que no cree que "la luna es de queso" o que "el dinero crece en los árboles".

No tengo ningún problema en poseer tarjetas de crédito. El problema lo tengo con la falsa pretensión que algunas personas experimentan, que pueden comprar cosas sin utilizar su propio dinero. Esto es vivir bajo una mentira y la mentira ha llevado a la ruina a personas, familias, empresas y países enteros. Es mi oración a Dios que, mientras leas estas páginas, comiences a reconocer que el crédito es sólo un compromiso de pagos futuros. Si no pagas ahora, algún día pagarás. La mayoría de las veces con intereses. Cuando eres austero, evitas comprar cosas innecesarias que te ocasionarán intereses, porque has entendido cuál es tu realidad. Más adelante hablaré con más detalle sobre el crédito y los intereses.

3. Una persona austera es aquella que ha aprendido a predecir ciertos eventos con precisión. Por tanto, prevee de tal manera que puede afrontarlos exitosamente. José hizo la diferencia porque no subestimó el poder del infortunio. Se preparó y no sólo garantizó la supervivencia de los egipcios, sino que fue instrumento de Dios para que Israel se multiplicara y se convirtiera en una nación con tal cantidad de habitantes, que eran temidos por sus propios anfitriones.

Cuando niño disfruté muchísimo una fábula llamada "La Cigarra y La Hormiga". Mientras la cigarra desperdició el verano cantando, la hormiga previó la crudeza del invierno. Trabajó duro en el verano, llenó sus graneros y soportó el invierno. ¡Ya te imaginarás qué sucedió con la cigarra! Hay personas que, teniendo recursos en el verano de su vida (su juventud-por ejemplo) solo se la pasan divirtiéndose. "La vida es una sola" dicen estas personas-"hay que disfrutar al máximo porque esto es todo lo que nos llevamos cuando morimos". Lo que no saben estas personas es que, mucho antes de morir, vendrá un invierno a sus vidas que les amargará su existencia en gran manera. Todo esto, porque no supieron estimar que hay veranos pero, que siempre aparecen, sin tardar, tiempos de escasez muy difíciles.

Técnicas para ahorrar

Toda persona que se mueve en el ámbito de la austeridad y el ahorro aplica técnicas al igual que un cocinero experimentado lo hace con la preparación de alimentos. Estas técnicas son sencillas y pueden ser muy útiles.

1. Ahorra tu cambio: Una de las técnicas que puedes aplicar es que al salir de compras, lleves dinero en efectivo y, al momento de pagar, tomes tu cambio y lo separes. Cuando vayas a otro establecimiento comercial o tienda, no uses ese cambio. Al llegar a tu casa toma todo ese dinero que separaste y deposítalo en una alcancía, cajita fuerte o llena una volante de depósito y llévalo al banco semanalmente. Una variante de esta técnica es tomar sólo el cambio recibido en monedas. Es un buen comienzo y una forma sencilla de ver cuán poderoso puede convertirse el hábito del ahorro en tu vida.

2. Reserva parte de tus ganancias: Otra técnica poderosa para experimentar el poder del ahorro la puedes aplicar cuando recibas un extra de tu salario, o tus ganancias. Toma parte de ese extra y deposítalo en el banco.

3. Solicita descuento directo: Otra forma de disponer fondos a futuro es solicitar al departamento de recursos

humanos, nómina, planilla o cualquiera que esté a cargo de procesar los pagos a los empleados que descuente una cierta cantidad. Y, dependiendo del país y de los bancos, estará a disposición para fines de año, como en el caso de mi país. Estoy seguro que cualquiera que sea el plazo y las condiciones pactadas, este método le resultará muy práctico.

4. Utiliza testigos: Es posible que usted tenga una persona de confianza a quien le pueda entregar el dinero que ha separado para un gasto futuro. No lo piense dos veces, entréguele el dinero; ya que, dependiendo del grado de confianza, puede que en algún momento de debilidad usted quiera reclamar el dinero para un fin distinto al que originalmente se había planeado y esa persona, muy sabiamente se lo negará, recordándole la razón verdadera por la cual usted comenzó ese ahorro.

5. Compara precios y contenidos: Usualmente compramos lo primero que encontramos, sin saber que estamos cometiendo un grave error, financieramente hablando. Es necesario, si deseamos cultivar el hábito del ahorro, comparar precios entre diferentes establecimientos comerciales a fin de encontrar el que más nos favorezca. Por otra parte, hay artículos que vienen en marcas genéricas; las cuales, al analizar su contenido, podemos determinar que tienen la misma calidad pero, son más caros.

6. Maneja cuentas bloqueadas: Existen facilidades con algunos bancos de solicitar apertura de cuentas que sólo reciben depósitos, pero no se pueden efectuar retiros, hasta que se cumpla un plazo específico. Estas cuentas son utilizadas por muchas personas, para planificar sus gastos de fiestas navideñas. Una variante muy popular de este método es el plazo fijo.

7. Emplea la banca en línea: También es posible utilizar la facilidad de la banca electrónica, o por internet, para accesar a tu cuenta en la cual cobras tu salario y enviar dinero a una cuenta que tengas bloqueada. De esta manera, el ahorro se realiza de forma mucho más sencilla.

8. Cuida tu salud física: Muchas personas lo han ignorado, pero la salud o la falta de ella, tiene un costo financiero. Enfermarse no es barato, ni desde el punto de vista de la productividad, ni monetario. Cada vez que vamos a un hospital, perdemos horas preciadas para trabajar e incurrimos en gastos, ya sea de medicamentos, transporte, alimentación especial producto del tratamiento, entre otros. La mejor medicina es la preventiva, no la correctiva. Incorpora hábitos y estilos de vida saludables a tu rutina diaria. Evita el sedentarismo, revisa los valores nutritivos de las comidas que ingieres. Cuida aún la vestimenta que usas, ya que, dependiendo del clima, una ropa inadecuada puede representar riesgos de enfermarse.

9. Aplica un programa de mantenimiento para tus posesiones: Uno de los mayores retos que puede tener una persona al adquirir posesiones es brindarle el mantenimiento adecuado. No obstante, si este reto no se asume, con el pasar de los años, todo lo que al comienzo fue una bendición, terminará convirtiéndose en un dolor de cabeza. Incorpora una rutina de mantenimiento para tu automóvil, tus electrodomésticos, aun para la casa en general. Los mantenimientos preventivos siempre serán mejores que los correctivos. Al comienzo esto te requerirá disciplina, ya que tendrás que redistribuir tus gastos; pero, a futuro, el rendimiento será notorio.

Hasta este momento, hemos observado lo importante que son el ahorro y una actitud austera. También aprendimos siete técnicas sencillas para lograr ahorrar. Vimos que el brillante plan de José para asegurar largos días se basó, entre otras cosas, en el ahorro. Ahora pasaremos, en el siguiente capítulo, a observar un segundo elemento que aseguró la longevidad del pueblo de Egipto, junto con el pueblo de Israel. Hablaremos de involucrar a otros.

CAPÍTULO 7

OTRA VERDAD SOBRE LA LEY DE LA LONGEVIDAD: INVOLUCRA A OTROS

"José se dedicó a enseñar a los consejeros y a los ayudantes del rey, y a compartir con ellos su sabiduría (Sal. 105:22 TLA)"

Nunca olvides: Si quieres tener largos días, involucra a otros

José recomendó incorporar a otras personas en el plan de longevidad. Los seres humanos no somos islas. Dios nos hizo interdependientes, nos necesitamos unos a otros y por ello, en el aspecto de la longevidad hay que observar ciertos aspectos importantes que paso a detallar a continuación.

"…y ponga gobernadores sobre el país, y quinte la tierra… (Gn. 41:34)".

Para manejar nuestras finanzas, y alargar los días de toda la obra de nuestras manos, es importante atraer a otras personas a nuestra vida; así como José se atrevió a proponer que se establecieran gobernadores sobre el país.

Hay varias formas de involucrar a otros. Todas deben realizarse prudente y sabiamente, ya que las personas tienen distintas expectativas, valores y preferencias. No estoy hablando de involucrar a personas naturales exclusivamente. También podemos involucrar instituciones como los bancos. A continuación, algunos consejos relacionados a la técnica de involucrar a otros para lograr una planificación exitosa del futuro.

1. Diversifica: La Biblia, habla, en el libro de los Proverbios, sobre el arte de ser un administrador prudente. Específicamente, en el capítulo 27, versículos 23 al 27:

"Sé diligente en conocer el estado de tus ovejas, Y mira con cuidado por tus rebaños; Porque las riquezas no duran para siempre; ¿Y será la corona para perpetuas generaciones? Saldrá la grama, aparecerá la hierba, Y se segarán las hierbas de los montes. Los corderos son para tus vestidos, Y los cabritos para el precio del campo;Y abundancia de leche de las cabras para tu mantenimiento, para mantenimiento de tu casa, Y para sustento de tus criadas."

Primero, se habla de las ovejas, luego se habla de rebaños. Se puede tener rebaño de ovejas, y de cabras, o sea, ya el autor está hablando de que no siempre uno puede estar pensando en ovejas. Luego, se habla de corderos, y finalmente de cabritos. Sin embargo, todo empezó con las ovejas. Hay que tener la suficiente agudeza para darse cuenta que, en esta vida, tarde o temprano, tendremos que renunciar a hacer siempre lo mismo. Un administrador eficaz sabrá determinar cuál es su negocio u oficio principal. Luego de ser fiel en esa labor, es posible que tenga que abrazar oficios o negocios paralelos. El mundo cambiante en que vivimos demanda que no sólo nos enfoquemos en las ovejas. Aún espiritualmente, las cabras en el Nuevo Testamento representan a los desobedientes, y también a ellos hay que alcanzarlos. Las ovejas están en el templo y los cabritos están fuera. No solo podemos vivir encerrados en las cuatro paredes del templo, hay que salir a alcanzar a los desobedientes.

La Biblia dice en Mt. 25:31 que hay personas que en el día del juicio final, serán enviadas al castigo eterno por descuidar al hambriento, al sediento, al extranjero, al que no tiene ropa y al que vive en la cárcel. Estas personas que fueron enviadas al castigo son llamadas cabritos. Que Dios nos ayude a buscar a los cabritos para enseñarles lo que agrada a Dios.

Una forma exitosa de diversificar, es estudiar en una institución destinada para eso (Universidad, Instituto, Academia). También podemos recibir entrenamiento en nuestro lugar de trabajo. Inclusive, puede ser que exista una persona brillante de quien podamos aprender algo. Seamos humildes y acerquémonos a esa persona para obtener el conocimiento que nos permitirá incursionar en una nueva faceta. De esta manera, tendremos longevidad.

Una advertencia sobre la diversificación

¡Ay de vosotros, escribas y fariseos, hipócritas! porque diezmáis la menta y el eneldo y el comino, y dejáis lo más importante de la ley: la justicia, la misericordia y la fe. Esto era necesario hacer, sin dejar de hacer aquello. (Mt. 24:23-24)

En el pasaje que acabo de citar, Jesús reclama a los escribas y fariseos el hecho de que eran muy puntuales en el pago de sus diezmos pero eran implacables, injustos e incrédulos. Luego, aparece una declaración que es un principio para todo aquel que desea dedicarse a más de una cosa a la vez: "esto era necesario hacer sin dejar de hacer aquello".

Diversificar tiene sus peligros. Uno de ellos es descuidar el oficio principal. Otro de ellos es incursionar en un área para la cual se tiene poca o nula experiencia. Y el último es el peligro de no tener una señal o grupo de señales previamente establecidas que indiquen cuando frenar, ya sea para hacer correctivos o para abandonar la nueva ocupación.

Si usted logra controlar los riesgos anteriormente expuestos, su diversificación será fructífera y de larga duración.

2. Cuida tu crédito: El crédito es una realidad inevitable. La catástrofe con el crédito, no obstante, es una situación completamente evitable. Cuando contraemos crédito, estamos involucrando a otra persona en nuestras finanzas. El ejercicio responsable del mismo, hablará a esa otra persona de cómo está nuestro sistema de valores, qué tan disciplinados somos, y cuán ambiciosos son nuestros planes futuros. Cuidar el crédito significa pagar a tiempo, monitorear las fechas de corte, tener cuidado con medios que no reporten el pago en la fecha deseada (utilizar centros de pago autorizados, por ejemplo, en vez de pagar en el banco directamente). Otra forma de cuidar el crédito, es atender el mandamiento del libro de proverbios, y evitar ser fiador de otra persona, por más doloroso que esto sea, socialmente hablando. De esta forma garantizarás largos días para tus posesiones.

"Con ansiedad será afligido el que sale por fiador de un extraño; Mas el que aborreciere las fianzas vivirá seguro (Pr. 11:15)".

3. Involucra a Dios: Muchas personas ignoran esto, pero José fue extremadamente humilde y esto le garantizó éxito en su labor como primer ministro de Egipto.

"Respondió José a Faraón, diciendo: No está en mí; Dios será el que dé respuesta propicia a Faraón. (Gn. 41:16-17)".

Involucrar a Dios significa darle gracias cuando recibes tu paga, cuando te llega tu primer cliente, cuando cierras tu negocio. Involucrar a Dios significa orar cuando no sabes si asociarte con una persona específica. También significa darle lo que le pertenece a Él.

"Entonces les dijo: Pues dad a César lo que es de César, y a Dios lo que es de Dios. (Lc. 20:25)".

Los fariseos trajeron a Jesús una pregunta que muchos calificarían de válida. Resulta que bajo el imperio romano era necesario tributar a un rey, o tirano que muchas personas ni siquiera conocían. En el caso de los israelitas, ya ellos tenían, adicionalmente, un sistema de sacrificios, ofrendas y diezmos que exigía planificación financiera de su parte. Al encontrarse oprimidos por los romanos, este sistema de planificación financiera se veía gravemente comprometido. Muchas personas habían perdido la fe de que podían cumplir con los romanos, y a la vez con Dios. Al presentarse Jesús, el Mesías, ellos sentían que su voz de autoridad podía resolver el problema y finalizar la obligación de tributar a César, el emperador romano. Sin embargo, Jesús no se hizo partícipe de esta rebeldía. El cristiano debe pagar sus impuestos, tasas y contribuciones a todas las entidades gubernamentales y, a su vez, debe ser capaz de darle a Dios lo que le pertenece. Algunos piensan que cuando reciben su cheque, o determinan cuánto fue la ganancia al final de un año fiscal, lo que le tienen que dar a Dios es mucho. Permítame decirle algo, nunca le damos a Dios de sobra. Dios es el dueño de todo y cuando le damos, simplemente estamos involucrándolo a él como parte integrante de nuestro negocio y de nuestra familia.

¿Ha pensado usted que puede suceder con un negocio en el cual Dios es el socio?

Porque ¿quién soy yo, y quién es mi pueblo, para que pudiésemos ofrecer voluntariamente cosas semejantes? Pues todo es tuyo, y de lo recibido de tu mano te damos. (1 Cr. 29:14)

Una verdad fundamental sobre la longevidad consiste en el uso de presupuestos:

"Y esté aquella provisión en depósito para el país, para los siete años de hambre que habrá en la tierra de Egipto; y el país no perecerá de hambre (Gn. 41:36)"

Una de las claves del éxito de José fue saber separar lo que era para consumo futuro, de aquello que era para el presente. Esta es la esencia del presupuesto. Toda persona que sabe preparar y ejecutar presupuestos está aplicando, aunque sea parcialmente, la ley de la longevidad. Los presupuestos suenan aburridos, enemigos de la espontaneidad y rígidos. La persona, no obstante, que aprende a presupuestar es una persona que disfruta más, ya que muy pocas cosas la toman por sorpresa. Hay varias cosas que tenemos que aprender a presupuestar en esta vida, y de éstas me ocuparé a continuación.

1. Presupuesta tu tiempo:

    El libro de Eclesiastés capítulo tres en sus primeros versículos habla de todas las maneras en las cuales se puede invertir el tiempo. Existe tiempo para todo en esta vida. La persona que dice que "no tiene tiempo" normalmente está diciendo que no desea hacer algo, porque en verdad, hay tiempo para todo.

    A menos que se trate de Dios, o de una autoridad, rehúsa permitir que otros dispongan qué tú debes hacer con tu tiempo. La vida es muy compleja. Hay compromisos familiares, hay compromisos sociales, debemos, inclusive, separar un tiempo para nosotros mismos, ya que esto es parte de la higiene mental. Siendo que el tiempo es un activo muy valioso, debemos ser prudentes en la separación de nuestra agenda diaria pues la persona que usa sabiamente su tiempo estará invirtiendo fuertemente en su futuro. Presupuesta parte de tu tiempo para estar cerca de personas que te enriquecerán, aplica la ley de la elección procurando tiempo en tu agenda para que un mentor te aconseje o te permita observarle mientras desempeña su trabajo.

Dedica tiempo para ayudar a otros. El altruismo es más satisfactorio de lo que se cree. Recuerdo haber visto en CNN un reportaje relacionado a unos niños que perdieron a sus padres en los ataques del 9/11. Sorpresivamente, parte de la terapia que se les aplicó a estos niños tenía que ver con trabajo en el extranjero, específicamente Costa Rica, ayudando a personas que estaban en peor situación. Es fácil pensar que alguien que ha perdido a uno de sus padres en semejante tragedia es digna de lástima, pero el tratamiento sugerido le mostró a esos niños que siempre hay alguien peor que uno. El desprendimiento tiene beneficios psicológicos incalculables. Aplícalo y estarás asegurando longevidad para tu espíritu.

Si estás leyendo este libro y tienes menos de dieciocho años de edad, presupuesta el tiempo que te queda para asegurar una carrera en esta vida y apégate a tus planes. No vendrá otra época en tu vida en la cual podrás lograr esto. Hay, por otra parte, mujeres que han logrado, de forma muy exitosa, separar un tiempo luego de que han criado a sus hijos para retomar sus estudios. Se han sentido muy satisfechas y se han reinsertado exitosamente en la sociedad en el aspecto laboral.

2. Presupuesta tu dinero:

En 1 Crónicas 29:1-5 David explica que él había separado para el templo muchos materiales importantes y estimula al pueblo a dar con su ejemplo. Hay personas que con su liberalidad, son de inspiración para que otros pongan recursos al servicio de la obra de Dios.

El dinero es de Dios, separa dinero para Dios

El dinero es de Dios, nuestras vidas son de Dios, nuestro tiempo es de Dios. Entonces es justo que, aparte de darle nuestras vidas, al aceptar a Jesucristo como Señor, aparte de darles nuestro tiempo al congregarnos en la Iglesia, también le demos de nuestro dinero.

Muchas personas tienen problema con esto, y hasta cierto tiempo lo entiendo ya que miran la obra de Dios como una institución humana. Dios, no obstante, no se maneja bajo los parámetros humanos. En la Biblia, hay personas que lograron, así como faraón, asegurar su supervivencia por creer a Dios y a sus promesas.

El profeta Elías fue preservado por una viuda que no tenía más que un bocado para ella y su hijo (1 R. 17:10-16). Si hay una persona que aseguró vivir muchos días, o sea, logró tener longevidad, esa persona fue la viuda de Sarepta. Hay un pensamiento, no obstante, que nubló su mente momentáneamente: ¿Cómo podré sobrevivir si primero le doy a un profeta? La escasez siempre tiende a nublar el entendimiento, cuando se trata de darle a Dios. El profeta sim embargo, le explicó que el verdadero plan divino era hacerle vivir. Puede que, por muchos años, has luchado con el reto de darle a Dios. Permíteme decirte que el verdadero plan de Dios no es vivir de tu dinero, sino asegurar la vida para ti y tu familia.

El dinero sirve para todo

El dinero, aunque es un medio de cambio inventado por el hombre, tiene cualidades y usos diversos. El dinero revela lo que hay en el corazón de las personas de tal forma que si una persona es generosa, esto se sabe cuando la persona tiene recursos monetarios que compartir. Pero el dinero también engaña y hasta hace que algunos pierdan la razón o sus amistades verdaderas.

Por el placer se hace el banquete, y el vino alegra a los vivos; y el dinero sirve para todo. (Ecl. 10:19-20)

El otro aspecto que debe ser tomado en cuenta, a la hora de presupuestar, son los muchos compromisos financieros que tiene la persona, la familia, o la organización. Por tanto, es prudente tener un presupuesto escrito, sobre todas las cosas que hay que pagar en el presente mes, en el próximo mes y, si es posible, dentro de tres meses. En realidad, si usted cree en las primicias, debe tener un presupuesto anual ya que de esta manera, usted logrará frenar los excesivos gastos de fin de año para poder ofrendar exitosamente bajo este sistema. Recuerde que la Navidad no es para dejarse envolver por el desenfreno, el consumismo o las compras compulsivas; es para recordar que Dios se hizo hombre y vino para morir por nuestros pecados.

Hemos examinado cómo involucrar a otros es crucial para asegurar la longevidad. A continuación en el próximo capítulo, profundizaremos en un tema que es de mucho beneficio, toda vez que es consistente con una de las afirmaciones principales de esta ley: piense en el futuro. Este tema es el presupuesto y los principios que lo gobiernan.

CAPÍTULO 8

OCHO ELEMENTOS FUNDAMENTALES DE UN PRESUPUESTO

"Porque ¿quién de vosotros, queriendo edificar una torre, no se sienta primero y calcula los gastos, a ver si tiene lo que necesita para acabarla? (Lc. 14:28)"

Es hora de dominar los ocho elementos fundamentales de un presupuesto

La tarea de presupuestar es ardua y requiere que tomemos en cuenta ciertos ingredientes sin los cuales se volvería en un camino difícil de transitar; una especie de laberinto financiero que traería o mucha rigidez o simplemente, la ineficacia. Por eso deseo presentar a continuación, ocho principios que estoy seguro, serán de mucho beneficio a la persona que desee tomar el presupuesto en serio, a fin de garantizar longevidad para el fruto de sus esfuerzos.

    a)   Objetivo: El objetivo es un proyecto. Por ejemplo: lograr un título en tal institución, comprar un equipo con tales especificaciones, abrir un local en tal calle. El primero es intangible (no es físico o palpable) y los últimos tangibles (se pueden ver o tocar). El objetivo también puede tener que ver con tu estado crediticio (bajar tus intereses pagando más a capital, cambiar de banco o cancelar tu préstamo en su totalidad), ahorrar tal cantidad de dinero, invertir en tal negocio o apoyar la obra de Dios o una obra benéfica con una contribución de tal cantidad de dinero ya sea en un sólo pago o una mensualidad indefinida o definida.

Estos objetivos inmediatamente cambian la forma en que estás manejando tus recursos en el presente y, si los tienes muy claros, podrás ejecutar el resto de los principios exitosamente. Por eso te animo a que te traces un objetivo y que el mismo te genere pasión para que cuando surjan los obstáculos, puedas seguir luchando por tu objetivo. En las finanzas surgen obstáculos como la impulsividad, la presión de grupo o simplemente la pérdida de vista del objetivo original. Cuando todo esto aparezca, la pasión con la que trazaste tu objetivo te ayudará a mantenerte en el camino previamente trazado. Un ejemplo de un objetivo que genera pasión son las vacaciones. Si deseas relajarte de una manera diferente puedes planear un viaje a un lugar en el cual nunca hayas estado. La sensación que te provoca imaginarte en ese lugar te dará la pasión suficiente para mantenerte ahorrando hasta que tengas la cantidad necesaria para pagar ese viaje.

Por último, cualquiera que sea tu objetivo, ora. Pide a Dios que te dé objetivos sanos, altruistas (en beneficio de otros) y por encima de todo, logrables. Evita lo fantástico, sé práctico pero a la vez, desafíate. No seas demasiado cómodo contigo mismo porque eso dejará de alimentar tu pasión en algún momento. Lánzate en pos de metas de las cuales puedas decir: Sólo se hizo con la ayuda de Dios.

b) El ingreso bruto y neto: el ingreso bruto es lo que se percibe antes de impuestos. Saber cuánto es su ingreso bruto le permitirá calcular su diezmo. El ingreso neto le permitirá saber cuánto le queda, luego de que el gobierno le retuvo los impuestos, tasas y contribuciones. Hay personas que tienen otros compromisos, como hipotecas o préstamos. Todo esto influye en cuánto queda disponible.

c) Gastos del hogar: En este renglón usted debe asignar el pago de la casa, en caso de que lo haga por pago voluntario, los servicios públicos (energía elétrica, gas, agua, tasas de aseo, cable, internet, teléfono) y cuotas de mantenimiento para los que viven en edificios propios. También, debe asignar dinero para la alimentación y transporte. Usualmente el hogar requiere 30% de los ingresos brutos. En este renglón es importante señalar que muchos, al estar recién casados, desean tener una casa nueva de inmediato. En algunos casos esto no es aconsejable porque están recuperándose de gastos relacionados a la ceremonia de bodas y, por ende, es prudente vivir pagando alquiler por un año, pagando una cuota baja de renta; mientras se ahorra para el abono inicial de una casa. No obstante, hay parejas que lograron planificar lo suficiente para tener una casa justo antes de la boda y ya no deben preocuparse por pagar renta. Procure lo que le trae paz y evite conflictos con su pareja, oren mucho y pidan consejería.

d) Entretenimiento: Separe un porcentaje, de repente un 2% o un 4% de sus ingresos a entretenimiento. Planifique y ahorre para su vacaciones, distráigase y evite caer en una vida rutinaria. Si usted hace esto, la válvula de escape emocional y psicológica será más económica de lo que usted piensa. No tiene que hacer viajes caros para sentirse desahogado. Solo implemente una disciplina que incluya la distracción y listo, ya usted habrá logrado el objetivo, que es mantener una adecuada higiene mental.

e) La obra de Dios: A usted le puede parecer que no le he dado el primer lugar. Si lo ha notado, este es el quinto punto. En Nm. 5:5-7 se explica que el pago por haber defraudado o hecho mal a alguien es el monto de la falta más una quinta parte, o sea, una restitución. Separe sus diezmos (en base a sus ingresos brutos), ofrendas, primicias y todo aquello que tenga que ver con Dios. Entréguelos prontamente. Si usted le da a Dios lo que le pertenece a él, no importa quién le haya hecho mal, usted recibirá, su restitución y habrá longevidad para sus bendiciones.

f) Gastos imprevistos: Destine al menos un 2% para gastos no planificados y manténgalos en una cuenta de banco de fácil acceso. Si es posible, que tenga una tarjeta de débito asociada para retirarla rápidamente si se presenta una urgencia.

g) Inversiones: Los estudios son una inversión al igual que los negocios. Separe parte de sus ingresos para pagar la colegiatura, instituto o universidad en la cual desea inscribirse. De modo que pueda aplicar exitosamente el principio de la diversificación. La tierra es una excelente inversión. Si usted debe elegir entre un automóvil y un terreno, inclínese por el terreno. El valor de un automóvil disminuye tan pronto sale de la agencia. El mercado de los bienes raíces, en cambio, rara vez sufre depreciación. Para el empresario, las inversiones incluyen otros negocios mediante una cuota de participación (acciones) o comprando bonos.

h) Excedentes: Siempre el presupuesto debe dar positivo, esto quiere decir, que no puede usted darse el lujo de gastar más de lo que percibe. De lo contrario, tendrá que pedir prestado y esto ocasiona pagar intereses. Procure siempre que su presupuesto finalice en positivo, en vez de terminar en negativo.

Presupuesta tus compras

Uno de los principales enemigos del presupuesto es la impulsividad. Determina cuáles son tus prioridades y apégate a lo previamente planeado. Solo así ganarás control sobre tus compras. A continuación, le presento cuatro consejos para que tus compras estén bajo control:

a. Cuidado con las modas: No todo lo que sea nuevo es para ti. Con esto no quiero decir que debemos vestir o utilizar cosas usadas. Con esto deseo referirme al hecho de que muchas personas se compran relojes que no necesitan solo porque están de moda y lo mismo aplica con automóviles, artículos electrónicos y por supuesto, con la ropa.

b. Cuidado con la presión de tus amistades: En estos tiempos se ha desarrollado una forma muy sofisticada de hacer mercadeo y es el multinivel. Nada tengo en contra de esto, sin embargo, una de las principales premisas de esta metodología es que las personas utilizan su círculo de amistades para venderles artículos que, probablemente, no necesiten. En algunos casos uno accede a comprar por tratarse de una persona muy apreciada. En otros casos, es necesario decir que no, ya que, al aceptar todo lo que nos venden nuestras amistades, nuestro presupuesto se sale de control.

c. Desarrolla un espíritu agradecido: Hay personas que nunca están conformes con lo que tienen. Estas personas no pueden tener un par de zapatos que tenga más de un año o una camisa con dos años. No estoy vendiendo con esta publicación el concepto de vestir ropa vieja al punto de que se noten las roturas, pero sí creo que hay personas que reemplazan su guardarropas cuando no lo requieren.

"Hombre necesitado será el que ama el deleite, Y el que ama el vino y los ungüentos no se enriquecerá. (Pr. 21:17)"

d. Si cuando vas a un centro comercial, regresas con cosas innecesarias, pídele a un miembro de tu familia que te ayude a devolver lo innecesario. Por otra parte, evita llevar tarjetas de crédito contigo cuando vayas a un centro comercial y pienses que hay altas probabilidades de que salgas de allí con cosas que no necesitas.

Principios para el presupuesto

Luego de examinar los consejos para que nuestras compras estén bajo control y los rubros que debemos presupuestar. Deseo presentar algunos principios rápidos relacionados al presupuesto. Estoy seguro que serán de mucho provecho tanto para usted como para su familia.

1. Realice un presupuesto para cada fuente de ingreso: Esto significa que si hay dos personas trabajando en el hogar, ambos deben presupuestar. Así se evita el sentir que alguien hace sacrificios e implementa controles mientras que la otra parte no lo hace.

2. Asegúrese de tener su presupuesto por escrito: Esto le ayuda a comparar sus presupuestos anteriores. Además, una de las virtudes de tener presupuesto por escrito, es que puede ir llevando un registro de los gastos a medida que los va ejecutando.

3. Tenga disciplina en la ejecución: Si usted destinó un dinero para ahorros, vaya al banco y deposítelo. Si hay dinero separado para pagar un recibo de electricidad, páguelo. Si ya se había destinado una cantidad de dinero para una deuda específica, realice el abono y no demore. Es una mala práctica redactar presupuestos y no cumplirlos. Aparte de autoengañarse, está usted perdiendo el norte, ya que el presupuesto es una brújula que le guía a un excedente. Sin excedentes, quedará usted pidiendo prestado y la Biblia

no favorece el estilo de vida que se basa en pedir siempre prestado.

"Te abrirá Jehová su buen tesoro, el cielo, para enviar la lluvia a tu tierra en su tiempo, y para bendecir toda obra de tus manos. Y prestarás a muchas naciones, y tú no pedirás prestado. Dt. 28:12"

4. Marque aquello que ya pagó y subraye lo que está pendiente de pagar: De esta manera, cuando le esté sobrando dinero, usted sabrá que, en realidad, se trata de dinero que está destinado para un compromiso previo, y no es un sobrante.

5. Discuta el presupuesto en reuniones familiares: Es necesario ser abierto y transparente. He sabido de familias en las cuales uno de los dos ha incurrido en deudas ocultas para la otra parte, simplemente porque no hay una buena comunicación. Evite esta situación discutiendo, siempre en un ambiente de amabilidad, la situación del presupuesto de la familia.

6. Guarde los presupuestos anteriores en un lugar accesible: Todos los años, principalmente para diciembre, es bueno tener un punto de referencia de cómo se invirtió o gastó el dinero el año pasado, y nada mejor que el presupuesto anterior para obtener esa información. Eso sí, procure anotar, junto al presupuesto, cuánto fue el gasto real.

7. Sea ejemplo: Hay personas que desean que los demás sean austeros, pero no son ellas mismas un reflejo de lo que es un comportamiento controlado, en lo que se refiere a presupuesto. Nunca exija lo que no está dispuesto a dar, por tanto, sea usted la primera persona en negarse a sí misma, cuando se trate de caprichos. Aprenda a determinar cuáles son sus verdaderas prioridades y conténtese con lo que tiene en casa. No todo lo que se vende en los almacenes

es realmente necesario y usted nunca podrá enseñar a su cónyuge, o a sus hijos que deben ser modestos si usted no es modelo en ese aspecto. Eso sí, aparte de dar el ejemplo en la restricción de gastos, sé ejemplo en la generosidad. No seas tacaño con tu cónyuge, tus hijos o tus padres. Cree en la ley de la siembra y la cosecha, que Dios recompensará tu fe, impregnando ese mismo espíritu en tus seres queridos.

"porque si alguno no provee para los suyos, y mayormente para los de su casa, ha negado la fe, y es peor que un incrédulo. (1 Ti. 5:8)"

8. Procure asignar un lugar de importancia en el presupuesto para todas las cosas que puedan acarrear recargos, multas e intereses: Si usted tiene tarjetas de crédito, páguelas de inmediato, si hay impuestos, pagos de servicios públicos que ocasionen recargos por mora, o algo por el estilo, que sean estos rubros, aparte de lo que da usted a la obra de Dios, lo que encabece su lista de pagos pendientes en el presupuesto. Evite pagar intereses a toda costa. El interés es el valor del dinero en el tiempo. Si usted incurre en intereses, es porque no ha sabido programar bien sus pagos, ha sido indisciplinado, o simplemente no ha calculado todo el dinero que ha pagado. Le aseguro que si usted calcula cuanto dinero hubiese ahorrado si pagara sus cuentas a tiempo, nunca más se daría el lujo de incurrir en recargos o intereses.

9. Si por algún motivo, has tenido que financiar tu saldo de tarjeta de crédito (lo cual no es muy deseable), trata de ser puntual en tus pagos. Es posible que, al año siguiente, otro banco compre tu saldo por una fracción de lo que actualmente estás pagando en intereses a la institución actual.

10. Si pagaste algo con tarjeta de crédito por conveniencia o por obtener millas, paga de inmediato, si es posible,

depositando el efectivo en una cuenta que tenga acceso a banca electronica para, desde allí, enviar el pago a la tarjeta con la cual acumulas millas. De esta manera evitarás que al fin de mes se te haya olvidado que debías cubrir ese compromiso. Evita generar sobrantes ficticios de dinero en tu presupuesto.

La esencia de la longevidad

Cuando José le propuso el plan de gastos a Faraón, él dijo las siguientes palabras:

"...Y esté aquella provisión en depósito para el país, para los siete años de hambre que habrá en la tierra de Egipto; y el país no perecerá de hambre (Gn. 41:36)"

La ley de la longevidad nos dicta que debemos pensar en qué vamos a comer no solo el año que viene, sino veinte, treinta o hasta cuarenta años a partir del día de hoy. Planifica tu vida, examina la posibilidad de crear un fondo de retiro. Estudia una profesión bien pagada, incursiona en un negocio nuevo, que nadie más haya explotado de tal manera que tengas para ti y para tu familia, aunque hayan pasado décadas. Al final del camino, la Biblia afirma que tanto tú como yo, tenemos la facultad de generar las riquezas.

"Sino acuérdate del Señor tu Dios, porque Él es el que te da poder para hacer riquezas, a fin de confirmar Su pacto, el cual juró a sus padres como en este día (Dt. 8:18 NBLH)"

José vivió ciento diez años. Fue inferior a los ciento cuarenta y siete de su padre o los ciento veinte de Moisés, quien nació mucho después. Sin embargo, en ciento diez años José logró que su padre muriera en buena vejez y que todo el escenario fuese preparado para el ascenso de Moisés, garantizando la supervivencia de los israelitas por más de una generación. Puede que no seas mayor que tus antepasados al momento en que Dios te encomiende una tarea.

Sin embargo, si lo haces con visión de futuro, serás una persona fructífera.

Es posible que estés leyendo con lágrimas en tus ojos porque piensas que ya es tarde para ti. Crees que has hecho elecciones incorrectas en tu vida, te has endeudado demasiado al punto de que te ves en el futuro como una persona arruinada. Faraón se asustó cuando tuvo el sueño porque no lo entendía y llamó a muchas personas para que le interpretaran lo que sucedía.

José le dijo a Faraón que Dios era quien le daría la respuesta. Yo te digo a ti: Para tu situación, solamente Dios tiene la respuesta. Créele a Dios por tu negocio, cree que serás elegido, piensa en décadas, no en años, y, al final, dale toda la gloria y la honra al Señor ya que sólo él se la merece.

EL CAMINO A LA FRUCTIFICACIÓN

1. Escribe en un papel, tus ingresos (brutos y netos). Calcula cuánto tienes que dar a la obra de Dios, y luego has una lista de tus pagos. Si al final de este ejercicio, tu resultado es negativo (más pagos que ingresos), comienza a recortar tus pagos hasta balancearlo. Si te es posible, esfuérzate por lograr más ingresos. Ora a Dios que te abra puertas y conversa con tu cónyuge o con tus padres para que te abran los ojos sobre aquellas otras habilidades y talentos que tienes y que puedes explotar en la generación de riquezas.

2. Haz una lista de almacenes caros a los que usualmente visitas, sabiendo que puedes obtener los mismos productos en otros lugares, pero con precios más bajos. En tu próxima visita al centro comercial, evita estos almacenes.

3. Determina en qué casa quieres vivir en cuarenta años. Observa las características del terreno y proyecta, si en diez o quince años puedes vender la casa o apartamento en el

que vives actualmente. Crea un plan de mantenimiento para preservar el valor de mercado de tu vivienda actual.

4. Realiza un inventario de pasatiempos actuales e identifica aquellos que son demasiado caros, comparados con la satisfacción que realmente obtienes. Pregunta a tu cónyuge o a tus hijos, o a la familia en general, qué es lo que realmente ellos disfrutan. Te darás cuenta de que ellos no valoran aquello que require tanto dinero como piensas. Probablemente ellos quieren tu atención y no regalos de navidad costosísimos. Si logras hacer un cambio en tus hábitos, puedes ahorrar y, a la vez, mejorar tu relación intrafamiliar.

5. Anota todas las fechas de corte de tus compromisos, utiliza un calendario para este propósito. Adicionalmente, escribe, junto al nombre de cada compromiso, cuanto es el recargo por fallar en el pago a tiempo.

CONCLUSIÓN

A través de la vida de José, Dios preparó lo necesario para que el pueblo de Egipto subsistiera y a su vez, albergara a la nación israelita hasta el tiempo que le tocara regresar a Canaán engrandecida y con riquezas. Todo fue parte de un plan maestro. Creo firmemente en mi corazón que cuando José escuchó el sueño de faraón, en ese mismo momento él dispuso en su corazón garantizar la supervivencia de su parentela. Estoy convencido que lo brillante de su plan se debió a un deseo genuino de procurar el bien de otros que dicho sea de paso, le habían tratado de forma inapropiada en su juventud.

La persona que fructifica tal como sucedió con José, es capaz de emprender nuevas cosas, conocer nueva gente, y tener una descendencia nueva. Sus hijos nacieron en Egipto sin embargo, sus nombres entraron a Canaán y es que los hijos de José fueron contados como hijos de Israel. Todo esto nos dice una sola cosa: no importa cuán lejano sea el camino que has emprendido para fructificar, siempre regresas a un punto de origen, vuelves a tu familia, te reúnes con los tuyos.

Tu fructificación comienza con Dios, pero tu vida, como un todo también debe ser gobernada por Dios. Es el deseo de mi corazón que hayas recibido el reto de imitar a uno de los héroes de la fe, que vivió en Egipto, pero que pidió ser enterrado en Canaán.

Quiero decirte algo: no importa cuánta riqueza acumulemos en este mundo. De nada vale al hombre ganar todo el mundo, si pierde su alma (Mt. 16:26). La ley de la longevidad habla de vivir por largos días, de no pensar en años sino en décadas sin embargo, con Jesucristo como Señor y Salvador, tu vida será eterna. Tú has sido elegido para recibir este mensaje de salvación que te presento en esta hora.

Si deseas que Jesucristo sea el Señor y Salvador de tu vida, te invito a que ores de la siguiente manera:

"Señor Jesús, tal como soy, vengo a ti. Reconozco que he pecado y que el pecado me separa de los planes y propósitos divinos. Te acepto como mi único y suficiente Salvador. Te pido que me perdones, que escribas mi nombre en el libro de la vida. Te doy las gracias porque tu muerte en la cruz y tu resurrección me garantizan la vida eterna. Ayúdame a vivir los planes que Dios tiene preparados para mi y lléname con el Espíritu Santo para poder obedecerte y hacer la voluntad divina. Amén"

Te felicito por iniciar una nueva vida en la familia de Dios. Ahora bien, es posible que tú seas cristiano y que al leer las palabras de este libro, hayas decidido cambiar algunos hábitos. Te recomiendo que ores a Dios para que él te dé las fuerzas necesarias para mantenerte firme en tus nuevas decisiones. Ora para que él, como tu raíz, se haga más real en tu vida. Pídele que te ayude a ser elegido. Levanta clamor al cielo para que aprendas a darle larga duración a la obra de tus manos. Nunca dejes de orar, manténte firme estudiando la Palabra de Dios y pídele al Espíritu Santo que desarrolle en ti su fruto (dentro del cual está el dominio propio).

Te bendigo grandemente en el nombre de Jesucristo de Nazaret. Este libro fue escrito en medio de mucha consejería y meditación en la Palabra con el firme propósito de transmitirte verdades que afectaron generaciones enteras. Creo en lo que dice la Palabra de

Dios y declaro que vas a fructificar en la tierra de tu aflicción. Tendrás hijos e hijas, una descendencia física y espiritual. No morirás en la soledad y el anonimato, tu nombre será ilustre. Muchos se enterarán de las grandes cosas que Dios ha dispuesto para ti. Sólo créelo y decídete a actuar en fe.

Que tengas un maravilloso camino a la fructificación.

SOBRE EL AUTOR

Se entregó a Jesucristo en su adolescencia y ha servido a Dios evangelizando entre universitarios, predicando en países como Estados Unidos, México y Belice; y ejerciendo el ministerio de la enseñanza en el Instituto Superior Bíblico de las Asambleas de Dios. Ha servido por la gracia de Dios en diversos cargos en su iglesia local y tiene credenciales con el Concilio General de las Asambleas de Dios de Panamá. Posee un doctorado en ciencias económicas y empresariales y por más de quince años se ha desempeñado como profesional en el sector privado. Vive en ciudad de Panamá, República de Panamá con su esposa, Yeribhed.